캄보디아 봉사 활동

아이들이
희망

2년간의 봉사 활동,
감사하는 마음을 배웠습니다.

캄보디아 봉사 활동

아이들이 희망

한국국제협력단
봉사 단원 이영자

바른북스

▲ 학교 전경

| 프롤로그 |

졸업, 정년퇴직, 캄보디아 봉사 활동

삶은 즐거운 거야.

일은 삶의 일부분으로 나와 함께하는 즐거움의 시작이자 마침이라고 생각합니다. 일을 시작해서 마치려고 하면 또 새로운 일을 하고 싶어 시작하게 되고 이런 생활이 반복되다 보니 세월이 흘러 지나가고 일이 힘들었다기보다 삶을 즐겁게 생활했구나 하는 생각이 듭니다.

지나간 세월이 힘들고 고통스럽다고 말하기보다 지나간 일을 생각하면 웃음도 나오고 나 자신을 다시 한번 돌아보고 성찰하는 시간도 되며 병원 근무할 때 그때 설명도 조금 더 잘하고 모든 사람들에게 더 잘했으면 하는 생각이 듭니다.

내가 원하는 직업을 선택해서 내가 하고자 한 일에 감사하며 사람이 하는 일은 옳은 일을 할 때 하고자 하는 일이 이루어지리라고 생각합니다.

간호사 직업을 선택할 때 나와의 약속 가난한 사람의 입장에서, 개발도상국에서 일한다고 한 것이 현실로 이루어져 캄보디아 시골 초등학교에서 2년간 활동하게 된 것 같습니다.

지금까지 내게 주어진 모든 상황과 생활에 감사하며 개발도상국 캄보디아에서 활동한 내용들을 조금씩 글로 남겨두었던 것을 개발도상국의 봉사 활동에 관심 있는 사람들에게 도움이 되었으면 하는 마음으로 다시 꺼내 책을 만들게 되었습니다.

2년간의 봉사 활동,
감사하는 마음을 배웠습니다

▲ 야자수

캄보디아!
푸르름이 영원한 나라!
멀리서 보이는 우뚝 솟은 나무가 있는 나라!
사람의 삶 속에 미소가 있는 나라!
오토바이를 타고 신나게 달리는 희망이 있는 나라!
붉은 흙먼지가 날리는 나라!
캄보디아에서 2년간의 간호 단원 생활은 나에게 있어서 평생 잊지 못할 곳이며 생각하면 할수록 감사하는 마음이 생기는 나라입니다.
2년간의 짧은 생활이었지만 그래도 한번 태어난 세상에 나도 누군가에게 내가 아는 무언가를 나누어 주고 싶었습니다. 그저 나누고 온 것보다는 생활 하나하나에 나 스스로를 생각하게 함으로 더 많은 것을 얻은 것 같습니다.
바쁜 일상생활에서 나를 돌아볼 시간은 없었지만 그곳의 다양한 사람과 많은 사람을 만나면서, 한마디씩 던지는 말 한마디, 손짓, 얼굴 표정, 작은 것에도 웃으면서 받을 줄 알고, 너무 더워서 움직이고 싶지 않지만 항상 바쁘게 움직이는 사람들….
열대 과일로 만든 떡 종류, 조그마한 과자 종류, 맛있게 만들어 지나가는 이들에게 "맛있어요, 드세요"

사람을 반기며, 웃으면서 물건을 파는 사람들….

나는 이곳에서 받은 한 사람 한 사람의 모습을 보면서 감사하는 마음이 생깁니다.

사람이 살아가면서 잘난 사람은 잘난 모습에서 배우고, 부족한 사람은 부족한 모습에서 배우고, 모든 사람을 보면서 배우게 된다고 생각합니다. 그래서 나는 이곳 사람들에게 감사합니다.

내가 이곳의 봉사 활동을 끝나고 돌아가더라도 캄보디아를 기억하며, 작은 생활 속에서 감사하는 삶으로 살아갈 것입니다.

감사합니다.

제가 베풀었다고 교만하기보다는 남을 배려하고 이해하며 함께 하는 생활을 배울 수 있도록 해주심에 감사드립니다.

2024년 7월

| 목차 |

프롤로그
- 졸업, 정년퇴직, 캄보디아 봉사 활동
- 2년간의 봉사 활동, 감사하는 마음을 배웠습니다

I 새로움의 시작

나에게 행운이	15
젊은이들과 함께 한 국내 교육훈련	17
내가 선택한 삶 국외 교육훈련	20

II 활동 내용

학교 활동	50
기관 활동	110
지역사회 활동	122

III 나누는 삶

쏙써바이 봉사 활동　　　　　　　　　159
단체 봉사 활동　　　　　　　　　　205
나눔의 기쁨　　　　　　　　　　　　237

IV 감사하는 삶

모든 이에게 감사　　　　　　　　　247
봉사 활동을 마치며　　　　　　　　253

부록

I

새로움의 시작

"세상을 아름답게 만들려고 하는
사람에게는 아름다움이 찾아옵니다"

사람에게 행운이란 다양한 방법으로 자기 앞에 다가옵니다.
물질만능의 사회에서는 돈이나 재물이 행운이라고 생각할 수 있습니다. 그러나 자신이 어떻게 생각하고 있느냐에 따라 생각은 달라집니다.
나에게 행운이란 한국국제협력단을 지원하여 캄보디아에 가서 봉사활동을 할 수 있는 계기를 만들어 준 것이 행운이라고 생각합니다.
한국국제협력단에 제가 갈 수 있도록 만들어 주심에 감사드립니다.
사람은 많은 일을 계획하고 실천하려고 하지만 계획대로 이루어지는 것은 쉽지 않습니다.
계획한 일, 평생 하고 싶은 일을 행동으로 옮길 수 있다는 것, 쉬운 일은 아니지만 나는 이날을 무척이나 기다렸습니다.
사람이 살아가면서 자신에게 주어지는 것은 다양하게 많습니다.
그러나 주어진 행운을 놓치지 않고, 모두가 잘 사는 세상을 만들기 위하여 지금 행동으로 시작하는 것 늦지 않습니다.
주어진 일을 바로 시작할 수 있는 것에 감사합니다.

나에게
행운이

나의 삶은 나에게 주어진 '현재의 모든 일에 최선을 다하자'.

직장에서 생활하다 보니 세월이 어떻게 빨리 지나갔는지 모르게 지나갔다. 나는 정년퇴직을 하며 개발도상국에서 일한다고 생각한 나의 꿈을 이루기 위해 인터넷으로 NGO 단체며 이곳저곳 찾아보았다.

그러던 중 한국국제협력단 공고를 보고 지원하게 되었다.

장시간 비행기기 타는 것 싫어서 한국에서 제일 비행시간이 짧은 캄보디아를 선택하게 되었다.

평상시에 준비해 두었던 지원서 제출, 면접, 신체검사를 최종적으로 합격하게 되었다. 나에게 합격이란 행운이라고 생각한다.

발표를 기다리는 동안 얼마나 마음을 조아리며 기다렸는지 마음속으로 언젠가는 개발도상국에서 일한다고 생각한 것이 현실로 이루어진 것이다. '감사합니다… 감사합니다…' 마음속으로 외치며….

간호사인 나의 직업을 천직(天職)으로 생각하였으며, 졸업 후 현재까지 일해온 것에도 감사드리며, 대학병원 근무를 시작으로 보건진료소 근무, 나에게 주어진 모든 일을 열심히 하다 보니 긴 세월이 흘러갔다.

이제까지는 나를 위한 삶을 살았지만, 후반부의 삶은 사회가 필요로 하는 삶을 살려고 하는 것이 나의 생활신조다.

이제 그 꿈을 이루어야지….

젊은이들과 함께 한
국내 교육훈련

정년퇴직이지만 교육을 받기 위해 근무에 남은 기간을 휴가로 처리하고 병원 업무를 정리하고, 교육훈련을 받기 위하여 짐을 챙겼다.

8~9월 국내 훈련을 받기 위하여 훈련 장소를 찾아갔다.

훈련받는 장소에는 6.25 전쟁으로 돌아가신 유해 발굴을 한다고 플래카드가 붙어 있었다.

교육훈련 전 훈련을 잘 받기 위하여 편안한 훈련복을 지급받고, 핸드폰은 모두 반납하였다.

훈련 기간 동안은 개인 생활이 모두 통제된다.

그러나 지금은 핸드폰 사용을 교육 중에는 제한되지만 상항에 따라 사용되는 것 같다.

나와 함께할 룸메이트는 대구에서 대학 재학 중인 컴퓨터 단원으로 예의가 바르며 이집트로 파견 갈 예정이었다.

교육훈련은 새벽에 기상하여 해당 국가별 음악이 나오면, 음악이 어느 나라 국가인지 퀴즈를 맞추고 나면 체조로 시작하여 아침 운동이 시작된다. 걸어서 산행을 하고, 학교 운동장을 열 바퀴 돌고, 산행을 하고 체조를 하고, 반복되는 체육훈련을 받은 다음 아침 식사가 두 팀으로 나누어 시작되는데 식사는 꿀맛이었다.

평생에 이렇게 맛있게 먹는 아침 식사를 하기는 처음이다.

식사를 마치고 나면 수업이 시작된다.

운동, 교육훈련, 내용을 중요시 여기며, 강도 높은 교육훈련, 산행을 시키는 것은 모든 조건이 다른 기후 문화에 잘 적응하기 위하여 다양한 교육방법으로 훈련시키는 것 같았다.

교육 내용은 국가의 이미지, 봉사자로서의 자세, 개발도상국의 상황, 자원봉사 활동, 국가 간의 문화교류, 우리 민요, 종이접기 등 짧은 시간에 하는 다양한 교육은 현지적응 하는 데 많은 도움이 될 것 같았다.

젊은이들과 함께하는 교육훈련은 신선함으로 나에게 다가왔다.

한 달의 교육훈련 기간 동안 무척 바쁘게 지내게 되었다. 여권 만들고 해당 나라에 맞게 예방접종을 해야 해서 시간이 어떻게 지나갔는지 모르게 지나갔다.

교육훈련이 모두 끝난 다음 수료식을 마치고 돌아올 때는 출국할 때 필요한 가방, 응급약품 박스, 단원복, 봉사 활동 중 발생할 수 있는 위험에 대처할 수 있도록 방어에 필요한 장비 기타 등등 다양하게 필요한 모든 물품이 지급되었다.

물품을 챙겨 집에 돌아오니 준비해야 할 일도 많아 더 바빠졌다.

현지에서 제일 필요한 것이 언어인데 언어에 불편함이 없도록 하기 위하여 외국인 다문화 센터에 연락하여 캄보디아인을 소개 받았다.

캄보디아 다케오에 살았다는 튜터는 자기 나라에 봉사하러 간다고 열심히 나를 가르쳐 주었다.

크메어를 배우며, 캄보디아 생활에 필요한 물품을 준비하며, 그곳 초등학교 아이들에게 교육할 필요한 자료를 여기저기 학교에 부탁히여 준비하었나. 개인 생활에 필요한 물품은 최소로 준비하기로 하고 필요한 물품이 있으면 그곳에서 준비하기로 하였다.

그곳 학교와 지역 주민들에게 제일 필요할 것 같은 진통제, 소화제, 피부연고제 소독약 등을 준비하였다. 처음 가는 곳이라 무엇이 어느 정도인지 알 수가 없어 생각나는 대로 준비하였다.

크메어 공부를 열심히 하였지만 생각보다 언어가 많이 늘지는 않았다.

현지에 가면 열심히 해야지….

내가 선택한 삶
국외 교육훈련

나 스스로 선택한 삶을 실현하기 위해 50kg 가방을 들고, 수원에서 12시 50분 리무진을 타고 출발하였다.

가족들이 모두 공항에 나오려고 하였지만 나올 필요가 없으므로 수원 리무진 타는 곳까지만 배웅하고 집으로 가시라고 하였다.

15시 30분 인천공항에서 만나기로 되어 있었으나 1시간 30분 전에 도착하였다. 공항에 도착하니 먼 길 떠나는 딸, 아들, 동생, 언니, 누나를 보기 위하여 가족들이 함께하였다. 그래도 아무도 안 나오면 그렇다고 하여 여동생이 잠깐 공항을 다녀갔다.

함께 교육훈련 받은 단원 중에 몽골 지원 단원이 나와서 먼저 떠나는 단원들에게 환영을 해주었다. 먼저 출국하는 단원들을 배웅하기 위하여 온다는 마음이 참으로 예쁘다. 단원들이 모두 도착한 다음 15시 30분부터 짐을 부치기 시작하였고 50kg 넘을 경우 추가 요금이 발생하였다.

나는 49kg으로 다른 사람의 1kg을 나에게 포함시켰다.

짐을 너무 많이 가져가면 가방에는 태극 마크가 붙어 있는 가방에 물건을 가득 채워간다는 것이 모양새가 안 좋을 것 같아 꼭 필요한 것만 준비하고 준비가 안 되었으나 필요한 것은 그곳에서 사기로 생각하였다.

그곳의 경제도 살리기 위하여….

17시경 모두 짐을 부치고 공항 안으로 들어갔다.

18시 40분 인천공항에서 KE 689로 출발하였다.

캄보디아까지 걸리는 시간은 5시간 정도 걸리지만 한국보다 2시간 늦었다. 21시 45분 프놈펜 공항에 도착하니 날씨는 후덥지근하게 더웠다. 이제 이곳에서 이 더위와 함께 잘 살아가야지!

공항에는 캄보디아 사무소 소장님과 직원들, 선배 단원들이 마중을 나와 끄르마(스카프)를 둘러주며 환영하여 주었다.

소장님과 함께 프놈펜 공항에서 기념사진 촬영을 마치고 짐은 트럭에 싣고, 단원들은 선배 단원들과 함께 25인승 버스에 올랐다.

버스를 타고 가는 동안 선배 단원들이 이곳 상황을 조금이라도 많이 알려주기 위하여 설명하기 바빴다.

짐을 싣고 숙소로 가는 중에 버스 안에서 투표를 하였는데 2개월 교육 기간 동안 함께할 방 식구가 정해지는 것이었다.

함께할 방 식구는 한국어 단원이었다.

숙소는 한방에 2명씩 있으며, 부엌과 거실은 공동으로 사용할 수 있고, 목욕탕도 있고, 세탁기도 있어 생활하는 데 불편함은 없었다.

이곳 숙소는 2개월간 프놈펜에서 훈련을 받으며 지낼 숙소이다.

숙소에 도착하니 선배 단원들이 냉장고에 먹을 음식과 간식을 준비해 두었다. 냉장고에 우유가 준비되어 있어 한국에서 준비해 간 요플레균으로 요플레를 만들어 먹기로 하였다.

잘 만들어져야 식사 대용으로 만들어 먹을 수가 있다.

만들어진 요플레는 다른 단원들도 먹을 수 있도록 나누어 주었다.

아침은 간단하게 단원들이 만들어 먹고, 점심은 훈련받으면서 훈련소에서 해결하고 저녁은 간단하게 사 먹고 오든지 숙소에서 해결하는 것이었다.

그러나 지금은 많이 좋아져 식사를 모두 해결해 주는 것 같다.

그곳에서 요플레는 각종 과일, 꿀, 검정깨를 넣어 망고와 먹으면 기가 막히게 맛있었다.

요플레는 단원들에게 2년간 건강을 지켜주는 중요한 간식이 되었다. 그곳 시골에서 아이들에게도 꿀을 넣어 만들어 주어 아이들 모두가 너무 좋아하는 간식이 되었다.

(사진: 단원들이 지낸 공동 거실)

교육훈련

　교육훈련 받을 때 교육훈련 장소와 숙소는 분리되어 있었다.
　숙소는 프놈펜 시내에서 조금 떨어진 주택이었다.
　교육훈련은 현지에 잘 적응하도록 다양한 프로그램으로 만들어져 있었다.
　교육훈련 시작은 운동할 장소가 없는 관계로 아침 일찍 일어나 버스를 타고 운동할 장소로 이동하였다.
　운동하는 장소는 프놈펜의 도시 한복판의 공원으로 아침 일찍 많은 사람들이 나와서 운동을 하고 있었다.
　우리와 함께 운동을 하고 가르쳐 주기 위하여 오신 분인 프놈펜대학교 체육강사와 코이카 시니어 체육 단원이 함께 운동을 하였다.
　운동을 마치고 버스로 다시 데려다주면 우리는 아침 식사를 준비하여 나누어 먹었다. 아침 식사를 마친 후에는 버스가 다시 우리를 교육훈련장으로 데려다주었다.
　교육훈련 장소는 단원들이 지역에서 활동하다가 프놈펜에 오면 머무는 유숙소가 있었다. 이곳이 우리의 교육훈련 장소다.
　교육 첫날은 캄보디아 사무소에 인사를 마치고 이곳 생활에 필요한 은행통장 만들기, 핸드폰 구매하기, 생활에 필요한 물품을 구매하였으며, 현지 훈련비가 지원되었다.
　아침 체조는 아침 일찍 일어나 버스를 타고 공원에 도착하여 운동하고, 돌아왔지만, 숙소 주위를 걷고 뛰는 아침 체조 운동도 하였다.

　교육훈련 내용은 봉사의 원칙에 대한 소장님의 강의, 크메어 배우기는 1:1 튜터 대화, 읽기, 쓰기, 문법, 활동 물품 청구하기, 캄보디아 대사관 서기관 강의로 캄보디아 정책 동향, 봉제 산업 활성화, 관광 산업 활성화(비행기: 일본, 중국, 미국, 유럽, 육로: 태국, 베트남) 시아누크 빌, 꺼콩 활성화, 건설업은 기자재 수입 어려움, 건설에 관한 내용, 허가 건수가 저하되었으며, 농업 분야에서 식량 배분, 학교 식량 도네이션 가족에게 전달, 새마을 사업, 환경개선 사업 등을 설명하며 봉사 단원들의 역할 중요성에 대해서도 설명하였다.

　인구 75% 농민인 나라의 내가 가진 지식을 제공하며 한국인으로서 긍지와 희망을 갖기 바라며 캄보디아 대사와 사진 촬영을 가졌다.

　간호 분야 단원의 강의 내용은 신체검사 및 역학조사 위생 및 보건 교육 예방접종, 장애인 파악 운동요법 응급처치 등에 대하여 설명하고 봉사 단원 규정, 캄보디아 명절 이해, 문화 체험 요리 만들기도 하였으며, 지역사회 현지인들과 좋은 관계를 맺을 수 있도록 어려운 점에 대하여도 설명해 주었다.

　현지에서 여가생활을 잘하기 위하여 체육 활동(볼링장 게임) 서바이벌 게임 시장조사에서 소리야 백화점 이용, 트마이 마켓, 오르세 시장은 약제, 마른 식품, 담꼬 시장은 야채, 생선 등이 있었다.

　버스 터미널은 각 지역을 가려면 이곳에서 버스를 타야 한다.

　(사진: 프놈펜 시장)

교육이 끝난 후에는 소장님께서 과일, 빵 후식을 제공해 주셔서 우리 단원들은 모처럼 함께하는 시간을 가지며 여러 가지 이야기로 시간 가는 줄 모르는 즐거운 하루였다.

교육훈련의 하나인 지역 방문

교육훈련의 하나인 지역 방문으로 단원이 있는 다께우 지역에 가기로 하였다.

아침에 일찍 출발하였지만 가는 길은 전날 비가 많이 온 관계로 길이 물에 잠기어 버스가 천천히 갈 수밖에 없었다.

약속 시간보다 늦게 다께우 직업훈련원을 방문하여 직업훈련원에 대한 설명을 듣고 이곳에 봉사할 의류 관련 단원, 한국어 단원은 이곳 기관장과 인사를 나누었다.

보건소에 근무하는 간호사와의 만남 시간도 갖고, 보건소 사항에 대하여 설명도 듣고, 전염병 관리와 예방접종이 있다고 하였다.

간호 단원은 오전에는 보건소에 근무하고, 오후에는 지역 방문을 하여 상담을 한다고 한다.

(사진: 다께우 보건소)

우리는 이곳 방문이 끝난 다음에는 함께 점심식사를 하게 되었는데 행정관리요원이 처음 보는 음식을 다양하게 시켜주었는데 정말 맛있게 먹었다. 이곳에 맛나게 먹은 음식은 뽕끼어(새우튀김), 정말 맛있었다. 식사를 마치고 우리 일행은 프놈펜으로 돌아왔다.

훈련 기간 동안, 캄보디아에서 활동하는 자이카(일본 봉사 단체) 사무소를 방문하여 자이카 활동에 대하여 설명을 듣고, 현지에 활동 중인 자이카 봉사 활동 단원 이야기, 봉사내용, 봉사 지역 계획, 질문 등으로 설명을 들었다. 내가 갈 깜뽓 지역에도 자이카 봉사 단원이 있었다.

깜퐁참 봉사 활동

교육의 일부분으로 활동지역 현장 방문으로 실제 봉사 활동을 하게 될 깜퐁참 지역을 방문하게 되었다.

깜퐁참은 프놈펜에서 가까운 거리에 있지만 캄보디아에서 생활이 어려운 지역이라고 말한다.

지역사회개발 단원이 파견되어 열심히 활동하는 곳으로 지역 주민들에게 지역 활성화를 위해 다양한 활동 방법을 제공해 주고 있었다.

젊음이란 역시 돈 주고도 살 수 없는 에너지가 넘친다고 할 수 있다.

다양한 활동으로 주민들에게 인정받고 있다고 하니 한국을 대표하여 일함에 감사하기도 하고 배워야 할 것이 많구나 하는 생각이 든다.

깜퐁참은 한국 봉사 단체에서 제공하여 학교시설을 깨끗이 단장하고, 도서실 및 도서 구비, 보건실을 새롭게 단장할 준비를 하고 있었다.

이 지역은 우리와 함께한 간호 단원이 파견될 지역으로 우리 단원들은 지역이 어떨까 하고 궁금하게 생각하였다.

아침 6시에 출발하여 가면서 봉고 차 안에서 아침 식사를 하고 10시경에 도착하였다. 우리가 아이들에게 무엇을 해줄 것인지 미리 생각한 것은 학교 페인트칠, 학생 출석부가 없는 관계로 출석부 만들기였다. 출석부를 만들기 위하여 사진을 찍기로 하였다.

크메어가 서툴러 사진 찍을 때 필요한 말을 대표가 만들었다. "마오 띠니(이쪽으로 오세요)", "뇨늄(웃으세요)" 봉고 차 안에서 열심히 외우고 연습하고 가니 어느새 봉사 지역에 도착하게 되었다.

봉사장소는 낌퐁참 타운에 가기 전에 동네 안으로 들어가는데 붉은 흙길에 먼지가 장난이 아니다. 학교는 이 지역에서 제일 큰 학교로 초등학교, 중학교, 고등학교로 학생 수도 많으며 간호 단원은 초등학교에 배치되었다.

학교 안 운동장에는 소가 나무에 묶여 있고 돼지, 닭, 개들의 놀이 장소가 되기도 한다.

우리 단원들은 학교를 한번 둘러본 후 봉사 활동을 시작하였다.

출석부를 만들려고, 사진을 찍기 전에 머리를 단정하게 하기 위하여 머리를 빗겨주고, 사진을 찍고 나면 한쪽에서는 얼굴에 페이스 페인팅을 해주었다. 미술 단원들이 얼굴에 태극기도 그려주고 여러 가지 모양을 그려주니 아이들은 자신의 얼굴에 그려진 다양한 그림을 보고 모두들 좋아하였다.

풍선 아트로 교실을 꾸며주니 아이들은 신기해하며 얼굴에 웃음이 떠나지 않는다. 교실에서 사진을 찍는 동안 아이들은 창문에 매달려서 사진 찍는 친구들을 보며 웃느라고, 천진난만하게 웃는 이 아이들….

미래는 너희들의 것이다.

(사진: 창문에서 구경하는 아이들)

학교에서는 날씨가 더운 관계로 음료수와 코코넛을 준비해 주셨다.
코코넛은 갈증 뒤 더위 식히는 데 최고의 음료수이다.

모든 일정을 끝나고 점심 식사를 마치고 돌아오려고 하는데 아이들이 섭섭함에 손을 흔들며, 버스에 올라앉을 때까지 쳐다보는 아이들의 눈빛, 쳐다보는 맑은 눈빛이 지금도 눈에 선하다.

사람이 만나고 헤어지는 것은 불편함을 만든다.

헤어짐은 또 다른 시작을 만드는 것이지만….

(사진: 아이들과 헤어짐 섭섭함)

‖ 시엠립, 다일 공동체 봉사 ‖

교육훈련 기간 중 이곳 캄보디아 문화 역사 체험을 하기 위하여 시엠립을 방문하기로 하였다.

아침 8시 30분에 출발하여 중간 지역인 깜퐁톰에서 점심 식사를 하고 오후 4시경 시엠립에 도착하였다.

도착 후 숙소 정리 및 자유 시간을 주어 호텔 수영장에서 단원들과 함께 수영을 하기로 하였다.

긴 시간 동안 피로를 풀면서 오랜만에 물속에 들어가 본다.

저녁 식사는 시엠립 시장에서 크메어 음식을 다양하게 시켜 먹고 있는데 아이들이 옆에서 계속 기웃거리며, 먹는 음식을 바라본다.

먹던 음식을 누구는 주고 안 줄 수가 없었다.

그냥 먹으니 미안하기도 하고, 아이들은 음료수를 모두 마시면 빈 병, 빈 깡통을 가져가려고 깡통이 비어 있는지 흔들어 본다.

깡통은 따는 것 달린 것에 비닐 끈을 계속 연결하여 쉽게 가져갈 수가 있다. 저녁 식사를 한 후에는 시엠립 야시장을 구경하며 필요한 물건을 한두 가지 사게 되었다.

둘째 날 앙코르와트 구경을 하며 앙코르 왕국에 대한 역사에 관하여 설명을 들었다. 설명해 주는 가이드는 코이카 단원에게서 한국어를 배웠으며 시엠립에서 가이드를 하는 분으로 캄보디아 역사에 대하여 설명해 주려고 애썼지만, 날씨가 너무 더워서인지, 처음 보는 앙코르와트의 웅장함 때문인지, 둘러보느라고 설명이 귀에 잘 들어오지 않았다.

셋째 날은 아침 일찍 다일 공동체에 가서 봉사하는 날이다.

다일 공동체 가는 길 양옆에 있는 집들은 사람들이 사는 곳인가

하는 생각이 들 정도이다. 나무집 아래는 물이 고여 흐르지 않아 냄새가 좋지 않았다.

사람들은 위대하다. 환경에 따라 적응할 수 있기 때문에….

다일 공동체 밥퍼는 다양성 안에서 일치를 추구한다는 뜻으로 다일 공동체 안에 들어서니 입구에서부터 많은 곳에서 후원을 해준 글귀가 있었으며, 진료를 해주는 곳도 있었다.

그곳 간호 단원은 한국에서 퇴직을 하고 이곳에 봉사를 오셨다고 한다. 가족을 남겨두고 이곳에서 혼자 봉사를 하신다는 것이 대단하다.

이곳 수원 마을은 한국의 수원시와 같은 지명으로 자매 결연을 맺고 있으며, 매년 의료 봉사를 나오는 곳이다.

이곳에 가톨릭대학교 성빈센트병원에서 의료 봉사를 왔을 때는 경기도간호사회에서 수원 마을 초등학교에 놀이기구 및 사무용품을 준비해 주어 아이들에게 기쁨을 준 적이 있었다.

의료 봉사를 한 후 남은 약품들을 이곳 진료소에 모두 주고 갔다며 감사히 생각한다고 하였다.

사람이 하는 일이 무언가 남은 것은 영원히 지속되는 것을 알 수 있었다. 기억해 주심에 감사드린다.

다일 공동체는 시엠립과 프놈펜에 있으며, 식사를 해결하기 어려운 지역 주민분들을 위하여 식사 및 빵을 만들어 제공한다.

우리 단원들은 2팀으로 나뉘어 식사 준비 및 빵을 만들기로 하였다. 식사 준비가 끝나기도 전에 많은 아이들, 어른들이 와서 순서대로 줄을 맞추어 앉아 기다렸다.

식사 메뉴는 야채 볶음밥으로 엄청나게 많은 양을 준비하였다.

간식으로 수박을 곁들여 주었다.

모두들 일렬로 질서 정연하게 줄을 서서 식사 순서를 기다렸다.

식사를 마친 아이들은 얼른 먹고 또 와서 줄을 서서 기다렸다.

이곳에 못 오고 집에 계시는 가족들에게 갖다주기 위함이다.

줄 서있는 아이들, 어른들에게 남아 있는 볶음밥, 과일을 나누어 주며, 기다리는 아이들의 초롱초롱한 눈빛이 마음속에 와닿는다.

하루의 식사를 해결하지 못하는 삶, 이곳에서 해결해야만 하는 사람이 많은 것 같다. 식사가 끝난 다음 식기를 닦는 팀, 바닥을 청소하는 팀 깨끗이 닦았다. 정말로 청결하게 깨끗하게 닦아 식당 안을 환하고 빛나게 하였다.

식기를 닦는 곳의 펌프는 우리나라에서 만들어 준 것이다. 펌프 옆에는 기증한 사람의 이름이 적혀 있었다.

한 사람의 나눔이 우리가 그릇을 닦는데 얼마나 편리하게 해주는가. 그분에게도 감사하며, 이 펌프를 통하여 나눔을 배우게 된다.

이곳에서 만든 빵은 소보로빵으로 구워져 나올 때 빵 향기 너무 맛있는 향내가 나지만 먹을 수는 없었다.

우리 팀이 봉사를 마치고 돌아가려고 할 때 따끈따끈하게 나온 빵을 봉투에 담아 주셨다. 점심 식사를 그렇게 먹고 난 후인데도 차 안에서 먹는 소보로빵 맛은 꿀맛이었다.

그곳에서 봉사하시는 모든 분들과 그 지역 사람들에게도 감사드린다. 한 끼니에 식사에 기쁨을 누릴 수 있도록 만들어 주셨기 때문에 그곳 사람들에게 감사드린다.

‖ 홈 스테이 ‖

프놈펜에서 교육훈련을 마치고 난 후 현지적응을 하기 위하여 내일은 내가 2년간 봉사 활동을 할 곳으로 홈 스테이를 떠난다.

홈 스테이 갈 곳은 '깜뽓 깜뽓' 하며 '깜뽓 좋아요' 해서 깜뽓 지역인 줄 알았으나 깜뽓은 주 지명이고 깜뽓 가기 전에 있는 깜뽓은 주 지명이고에 있는 우리나라로 말하면 면 소재지 정도에서 홈 스테이를 했다.

홈 스테이 가는 날은 사무소 행정요원 1명, 캄보디아 행정요원 1명이 함께해 주셨다. 처음 가는 곳인데 함께해 준 것에 감사할 뿐이다.

봉고 차에 몸을 싣고 처음 가는 그곳, 주위 경관을 바라보며 달리다 보니 멀리서 깜퐁뜨라이 이정표가 보였다.

시내에 도착하니 깜퐁뜨라이초등학교 교장 선생님과 담낙칸튜초등학교 교장 선생님께서 오토바이를 타고 마중을 나오셨다.

우리 일행은 2년간 지낼 이곳을 이곳저곳 살펴보며 교장 선생님이 안내하는 곳으로 같이 가게 되었다. 시내에 있는 교육청에 들러 인사를 드린 다음 교장 선생님이 홈 스테이 집을 안내해 주셨다.

홈 스테이 집은 이 지역의 닥터 집이라고 하여 의사인 줄 알았으나 알고 보니 남자 간호사다. 남자 간호사는 집에서 간단한 처치, 주사를 놓으며, 그 지역의 에이즈 환자를 관리한다.

가족들은 부부, 아들 3명, 딸 1명이었다. 아들은 고등학교 3학년으로 프놈펜으로 대학을 가기 위해 밤늦게까지 공부하고 있었다.

추후 프놈펜에서 대학을 들어갔으며, 작은 방을 얻어 자취 생활을 하고 있었다. 2년간의 일정을 마치고 돌아오려 할 때 아들의 학비에 보탬이 되기 위하여 1,000불을 주었다.

이곳은 대학을 다니려면 지역마다 다르겠지만 적어도 1년에 300불 정도라고 하는데 대학 4년 졸업하면 1,200불 정도의 학비가 들어가기 때문에 대학은 졸업할 수 있지 않았을까.

현재는 세월이 흘러 많은 변화가 있겠지만 학비보다 부대비용이 더 많이 들어가지 않을까 생각한다.

프놈펜에서 집을 얻어 십세를 내고 밥을 해 먹고 하면 기본으로 들어가는 것이 만만치 않을 것이다. 지방에서 수도인 프놈펜 학교에 가는 것은 쉽지가 않다.

부모님이 1,000불을 받으면서 미안해서 어떻게 하냐고 이야기하였지만 추후 대학을 졸업하고 취업하고 나면 이 지역에서 어려워서 대학에 못 가는 학생에게 장학금으로 주라고 하였다.

부모들이 자식들을 배울 수 있도록 만들어 주는 것도 부모의 역할이지만 너무 없으면 부모님들도 힘들기 때문에 조금이라도 보탬이 되었으면 하는 마음이다. 작은 보탬이 살아가는 데 삶의 활력소가 되어, 나누는 방법을 배워가며 살아가지 않을까?

부모님에게 추후 이 지역도 잘살았으면 하는 바람에 나누는 것이라고 하였다.

딸은 깜퐁뜨라이에서 버스로 30분 정도 걸리는 깜뽓에서 조산사 교육을 받고 있었다. 한국은 조산사가 되려면 간호대학을 졸업하고 국가고시를 거쳐 간호사 면허증을 습득한 다음 조산사 교육을 받을 수 있다.

우리나라도 1960, 70년대에는 조산사 교육 하는 병원이 있어서 교육을 받고 난 후 조산소를 개설한 간호사도 있었지만 지금은 병원 산부인과에서 분만을 하기 때문에 조산소는 거의 찾아볼 수가 없다.

2주간의 홈 스테이 동안 학교 수업은 오전에 참여하고 점심은 집에 와서 식사 후 오후에 또 학교에 가게 되어 하루에 2번씩 교장 선생님이 출퇴근시켜 준다고 하셨다.

오토바이를 탈 때는 마음을 조아리며 오토바이를 타고 가야 한다. 오토바이를 처음 타지만 헬멧을 쓰지 않고 오토바이를 타는 것이 부담스러웠다. 붉은 흙길에 비 오면 땅이 파여 있어 오토바이가 한 번씩 뛴다. 불안한 상태로 있는 힘을 다해 오토바이를 꼭 잡고 간다.

하루에 두 번씩 태워다 주는 것이 죄송스러워 둘째 날부터 도시락을 준비하여 가기로 하여 오토바이를 한 번만 타고 가기로 하였다. 도시락은 비닐 봉투에 담아 보온 통에 준비해 주었지만, 이곳 쌀밥은 식으면 돌덩이처럼 딱딱하다. 반찬은 그래도 성의껏 시장에서 고기 구운 것, 말린 것으로 준비한 바이 싯쭈르(쌀, 고기를 말려 구운 것)를 준비해 주었다.

수업을 마치고 돌아간 학교는 조용하다.

점심 식사를 하며 조용한 교실에서 전자사전에 입력해 흘러나오는 팝송을 들으며 내 지난날의 좋은 추억을 생각해 보며 혼자 웃는다.

젊은 시절에는 클래식을 알기 위하여 클래식 설명해 주는 커피숍에 어지간히 다녔다.

클래식을 좋아하셔서 클래식 설명을 해주시는 선생님은 중학교인지 고등학교 지학 선생님이었다.

찻집을 차려놓고 토요일에 차 한 잔을 마시며 클래식 음악을 들은 다음 설명을 듣고 커피숍에서 음악 감상을 하며 보낸 젊은 시절 그때도 좋았다. 가끔씩은 흘러간 팝송도 들려주셨다.

책과 음악, 여행할 곳이 있어서 인생은 즐겁다고 생각하였다.

인생은 항상 즐거운 거야….

여러 가지 이야기로 시간 가는 줄 모르는 즐거운 하루였다.

학교를 끝나고 돌아가면 아주머니와 막내아들이 한국어를 배우고 싶은지 책을 사다 놓으시며 보여주신다.

한국어를 배운다고 하시니 감사하기도 하고 홈 스테이 기간 동안 아주머니와 아들에게 한국어를 가르쳐 드렸다.

(사진: 한국어 가르쳐 드리기)

홈 스테이 2주 동안 거주할 집을 구해야 하지만 마땅한 집이 없었다.

행정요원도 프놈펜으로 돌아가면서 집을 잘 찾아보라고 하였지만 마땅한 집이 없었다.

이곳은 빗물이 식수로 이용되며 시멘트 집보다는 나무집이 많아 집을 구하는 데 어려움이 있었다.

교장 선생님과 여기저기 다녀 보았지만 마땅한 집이 없었다.

교장 선생님이 당신 집에 오라고 하였지만 2년 동안 함께하기에 불편하다. 학교에서 종일 보고, 집에서 종일 보는 것은 부담스러울 것 같아 다른 곳을 찾아보기로 하였지만 마땅한 집이 없었다.

홈 스테이를 마치고 프놈펜을 돌아올 때까지 집을 구하지 못하였다. 그러므로 발걸음은 무겁지만 내가 이곳에 온 목적이 좋은 집에 살려고 온 것은 아니기에 편안하게 생각하기로 하였다.

지역사회, 학생들 모두가 건강하게 잘 살아갈 수 있도록 보건 교육을 하여 지역사회가 건강할 수 있도록 책임감을 갖고 온 것이 아닌가?

다른 곳에 초점을 맞추다 보면 내가 하고자 할 일을 망각하는 것은 아닐까? 나 자신에게 자문자답하며 깊이 생각해 본다.

2주간의 홈 스테이를 마치고 프놈펜에 도착하여 숙소에 가방을 풀고. 우선은 점심 식사를 맛나게 하기 위해 가까운 양식집으로 갔다. 점심 식사는 샌드위치와 커피 한잔을 먹었는데 꿀맛이었다.

∥ 교육훈련을 마치며 대사님과 식사 ∥

모든 교육훈련을 마치고 단원들과 함께 대사님이 서울 식당에서 식사하기로 되어 있었다.

한국에서 지냈다면 대사님과 식사하기가 쉬운 것은 아니었다.

바쁘신데도 이곳에 봉사하러 온 단원들을 위하여 시간을 내어주신 대사님에게 감사할 뿐이다.

이곳은 11월 19~22일 이 나라의 큰 축제인 물 축제 기간이다.

우리 기수 단원들 모두 물 축제를 구경하기 위하여 메콩강이 내려다보이는 레스토랑에서 저녁 식사를 함께 하며 뱃놀이를 보기로 하였다.

2년간의 봉사 기간 동안 물 축제를 다시 보긴 힘들 것 같아 모두들 함께하였지만 사람들이 굉장히 많았다. 그곳에 구경하러 가기 위해 일찍 움직였지만 가는 동안 많은 인파로 사람에 밀려가게 되었다.

오랜만에 레스토랑에 앉아 메콩강 변의 뱃놀이를 내려다보며 단원들과 함께하는 즐거운 시간을 가지게 되었다.

(사진: 메콩강, 메콩강 사람들, 메콩강 저녁노을)

한국에서 바쁜 나날을 보내어 어디에 가서 차 한잔 마실 마음의 여유 없이 지나갔으니 말이다.

그래서 나는 오랜만에 훈련도 끝나고 이곳에 앉아 함께 차를 마실 수 있는 여유, 마음이 한없이 편안하다.

오늘 이 자리를 만든 젊은 단원들에게도 감사할 뿐이다.

우리들은 오랜만에 교육을 마치니 무거운 짐을 모두 내려놓은 것 같다. 이야기를 나누며, 창문 밖의 뱃놀이를 보며, 각각 좋아하는 음식을 시켜 함께 먹었다. 식사를 하고 구경을 마친 다음 밖으로 나오니 많은 인파들로 걸어갈 수가 없었다.

운송 수단인 뚝뚝이는 달라는 대로 금액을 주어야 했다.

할 수 없이 한없이 걸어 나와 뚝뚝이를 타고 숙소에 오니 밤늦은 시간이 되었다. 오늘 하루 즐거운 하루였다.

모두에게 감사하며….

새벽에 모두들 전화벨 소리에 잠에서 일찍 깨었다.

한국이 2시간 빠르기 때문에 뉴스를 먼저 보고 어젯밤 물 축제의 사고 소식을 먼저 전해 들은 것 같다.

어제 물 축제에 많은 사람이 몰리면서 사고가 생겨 사망자가 많이 발생한 것 같다. TV를 보니 방송에서 캄보디아 사람들은 계속 조의를 표하고 있었다. 우리도 돌아가신 분들의 명복을 빌며….

한국에서는 사망 소식을 듣고 안전에 대한 문의 전화가 계속되었다. 이렇게 걱정해 주시는 많은 분이 계시기에 우리는 열심히 살아야 한다.

|| 수료식 ||

봉사 활동 전 교육훈련을 마친 다음에 수료식을 갖게 되었다.

봉사 활동을 할 지역의 기관장분들도 멀리서 많이 참석하셨다.

프놈펜에 처음 오신 기관장도 계시며, 맨발에 신발을 슬리퍼를 신고 오신 기관장님도 계셨다. 공연히 마음이 짠하다.

이곳 더운 곳의 문화인가?

교사 급여가 적다고 하지만 얼마 안 되지 않기 때문인가?

수료식은 소장님의 격려 말씀과 기관장에게 단원들을 잘 부탁하시는 말씀, 기관장 대표로 부탁하시는 말씀, 현재까지의 교육 내용에 대하여 설명해 주시고, 단원들 몇 명이 앞으로 활동 계획에 대하여 발표도 하였다.

모든 행사가 끝나고 뷔페로 준비된 식사를 기관장들과 함께 하면서 이야기를 나누는데 의사소통이 제대로 되지 않아 죄송하기도 하고, 크메어를 빨리 습득하여 유창하게 의사소통이 되어야 하지 않을까 하는 생각이 든다.

식사를 마친 기관장들은 힌지로 돌아가시고 수료식은 마무리되었다. 모든 행사를 잘 마무리하고 현지에서 사용할 물품을 준비해야 하지만 집이 구해지지 않은 관계로 모두 준비해 내려갈 수가 없었다.

2년 동안의 생활에 필요한 물품만 하나씩 구입하여 준비하였다.

중요한 것은 전기밥솥, 전기 커피포트, 스탠드, 정전 대비 충전용 랜턴, 초를 준비하고 나머지는 현지에서 필요할 때 하나씩 하나씩 준비하기로 하였다.

현지에 갈 때 사무실에서 차량을 준비해 주어 짐을 수월하게 싣고 내려갈 수 있었다. 그러나 집이 없는 관계로 짐은 현재 봉사하고 있는 단원 집에 맡기고 게스트 하우스에서 머무르면서 집을 구하기로 하였다.

그 지역에 집이 없는 관계로 멀리 떨어져 있는 시내에서 집을 찾아보았지만 교통편이 불편한 그곳에서 다니기에는 너무 멀었다.

집이 없는 관계로 비싸게 부르지만 여기저기 다니면서 겨우 집을 찾았다. 가격을 너무 많이 부른다. 부르는 게 값이다.

집이 없기 때문에….

처음에 왔을 때 시장님을 찾아뵙고 교장 선생님과 인사하였는데 마침 이 집은 시장님의 친척 집이어서 부른 가격의 반액 금액으로 집을 구할 수 있었다. 시장님이 많은 배려를 해주신 것 같다.

더 좋은 집을 구할 수 있었지만 국가 세금을 너무 많이 사용하고 싶지 않고, 혼자 넓게 생활할 필요도 없기 때문에 작은 집에서 지내기로 하였다.

집을 구하고 집에 필요한 기본적인 물품을 준비해 달라고 부탁하고 게스트 하우스로 돌아왔다.

며칠 후 이사 할 약속된 날짜에 집에 가보니 준비가 제대로 되어 있지 않았다.

그래도 다시 돌아갈 수는 없는 일이다. 조금 속상하지만 내가 지내야 할 이곳은 한국인은 처음이라 문화가 다르기 때문이 아닐까?

더운 나라 사람들의 느긋함. 이곳 사람들의 문화라고도 할 수 있다.

공연히 작은 일에 속상해하며 국가 이미지에 누가 되게 하고 싶지 않다. 준비를 하지 않아도 들어가서 생활할 수밖에 없었다.

느긋한 이 사람들 문화에 내가 적응해야만 한다. 1년을 살고 다시 재계약할 때는 1년 전 이사 올 때 준비 안 된 물품 내용을 영어, 크메어로 적어주었다. 날짜도 지정하여 주었더니 정확하게 날짜에 맞추어 준비하여 주었다.

준비를 안 해주면 다른 곳으로 이사 가야 하는데 준비하여 준 것에 감사할 뿐이다.

나 자신이 이 사람들 문화를 너무 몰랐던 것은 아닌가?

직업 의식, 직장 생활, 생명, 사람에 관계되는 것은 실수가 있으면 절대로 안 된다고 생각하며, 다른 것에만이라도 여유로워지려고 하니 나 스스로 나에게 감탄한다. 나도 많이 변했구나!

얼마나 노력하였는가?

깜뽓에 계시는 외과 협력 의사가 식사 초대를 해주셨다.

그래도 식사를 한식으로 맛있게 준비해 주셨다.

이곳의 더운 날씨에 음식을 준비하여 초대하기란 쉽지 않지만 한식으로 맛나게 준비해 주신 음식을 우리는 맛있게 먹었다.

초대해 주심에 진심으로 감사드린다.

• 국외 훈련 활동 자료 •

▲ 단원들이 지낸 공동 거실

▲ 프놈펜 시장

▲ 다께우 보건소

▲ 창문에서 구경하는 아이들

▲ 아이들과 헤어짐 섭섭함

▲ 한국어 가르쳐 드리기

▲ 메콩강

▲ 메콩강 사람들

▲ 메콩강 저녁노을

II

활동 내용

"아이들은 미래의 희망입니다"

▲ 전교의 학생, 교사 단체 사진

▲ 학교 아이들

그래서 자신이 맡은 일에 최선을 다하여 책임을 가지는 것은 중요하다. 우선 나 자신이 건강해야 무엇이든지 할 수 있다고 생각한다.

미래에는 아이들에게 희망을 주기 위해 개발도상국을 도와주기보다는 함께 잘 사는 세상을 만들기 위하여 봉사 활동에 참여하며 초등학교에서 학생들에게 보건 교육을 하고, 교육받은 내용은 집에 돌아가 부모님에게 설명하며, 부모님도 건강에 관심을 갖고 스스로 자가 관리 할 수 있도록 운동기구를 준비하여 실습도 하였다.

도서실에 책을 다양하게 많이 준비하여 아이들이 책을 읽고 넓은 세상을 볼 수 있도록 하였다.

지역사회 봉사 활동을 통하여 지역주민에게 상처가 있을 때 상처 치료 및 간호를 해주고, 쏙써바이 봉사 활동 후 만성질환 환자에게 건강카드를 만들어 주어 스스로 자가 관리를 할 수 있도록 하였나.

혈압이 높은 환자는 지역사회가 스스로 혈압 자가 관리를 할 수 있도록 혈압계 6개를 사서 6개 마을에 1개씩 드렸다.

혈압은 6학년 학생과 선생님들에게 혈압 재는 것을 가르쳐 드렸다. 두통이 있거나 어지러울 때 학교 혹은 혈압계가 있는 곳에서 혈압을 자주 잴 수 있도록 교육하였다.

혈압을 스스로 관리하며, 만성질환 유인물을 만들어 지역 주민 스스로가 만성질환 관리 및 식이요법을 할 수 있도록 교육을 하였다.

기관 활동으로 학교 주위 기관과 유대관계를 돈독히 하기 위하여 처음 시작할 때 각 기관과 인사를 나누며, 각 기관 회의에 참석하며 직업훈련원 수료식에도 참여하여 기관과 친밀한 유대관계를 가졌다.

학교 활동

|| 크메어 배우기 ||

이제 집이 해결되고 나니 할 일이 많아졌다.

제일 급한 것이 언어를 배우는 일이다.

크메어를 잘 못하면 아이들 보건 교육을 잘할 수 없고 크메어를 잘하면 학생들에게 보건 교육도 잘할 수 있겠다는 마음을 갖게 되었다.

홈 스테이 때 크메어 교사를 찾으려 하였지만 교장 선생님이 다른 선생님을 소개해 준다고 하여 기다렸지만 기다릴 수가 없었다.

학교에서 크메어를 가르쳐 주신다고 하지만 선생님도 너무 바쁜 관계로 어려운 것 같았다.

한 달간 학교에서 가르쳐 준다고 하여 배웠지만 많이 늘지는 않는다.

학교에서 선생님을 구해주겠지 하였지만, 가르쳐 줄 교사가 없다고만 하였다. 그리고 선생님들이 가르쳐 준다고 하지만 영어도 전혀 안 되어 의사소통하기가 어렵기만 하였다.

역시 답답한 내가 찾아 나서야 했다.

한 달 동안 기다려 보았지만 안 되어서 셀 카드를 판매하는 중국 상점에 부탁하여 초등학교 선생님이시며 영어를 조금 할 줄 아는 튜터를 만나 크메어를 시작하게 되었다.

크메어는 일주일에 2회 오는 것으로 하고 시간당 1$에 하기로 하였다.

크메어를 하면서 안 될 때는 영어를 하기로 하였다.

나를 가르치는 튜터는 영어를 끝에 발음하지 않아 잘 알아들을 수가 없었다.

예를 들어 하우스(House)면 하우, 오피스(Office)면 오피라고 말한다. 그래도 들으려고 애쓰지만 이해가 잘 안되어 전혀 의사소통이 안 될 때는 적어달라고 하든가, 내가 적어주든가 하며 의사소통을 하였다. 혹은 사전을 찾아 단어를 보여주면서 의사소통을 하였다.

수업 준비 교안은 크메어로 미리 작성하여 튜터에게 보여준 다음 확인하며, 세부내용을 만들어 미리미리 수업 준비를 만들어 확인하였다. 교육 내용이 확인되면 수업할 내용을 반복하여 혼자 읽기 연습을 하였다.

  튜터는 내가 봉사가 끝나고 한국에 돌아오는 전날까지 크메어를 가르쳐 주었다. 초등학교 교사는 한국에서 일하고 싶다고 하며 나중에는 한국어를 학원에서 배우고 있었다.

  튜터는 나에게 『의학용어집』 작업을 할 수 있도록 크메어를 컴퓨터에 입력할 수 있도록 많은 도움을 준 선생님이었다.

  그 선생님 덕분에 크메어를 컴퓨터에 입력하여 『의학용어집』을 만들 수 있었다. 지나고 나니 대단히 고마운 선생님이시다.

학교 첫 출근

  학교는 걸어서 40분 거리, 붉은 흙길이다.

  붉은 흙길은 건기에 오토바이가 한번 지나가면 붉은 흙먼지를 폭삭 뒤집어쓴다. 마스크에 손수건을 속에 대고 다녀야 한다.

  붉은색을 보고 황토 흙으로 여자들이 좋아하는 황토 팩을 만들면 어떨까 하는 생각도 해보았다.

  날씨가 더운 것이 아니라 뜨거운 관계로 붉은 흙먼지가 날려 입으로 눈으로 들어가기 때문에 마스크를 쓰고, 선글라스를 끼고(프놈펜에서 1개 3$로 구입), 배낭에 교육 자료를 넣고 걸어가면 외국인을 용케도 알아보고 개들이 악착같이 짖으며 따라온다.

  쫓아오는 개들을 방어하기 위하여 그물망에 물병을 넣고 개들이 짖고 따라오면 물주머니를 한 번 돌리면 개가 따라오다가 도망간다.

사납게 이를 세우고 따라올 때는 정말 무섭다.

가만히 있다가 한 마리가 짖기 시작하면 동네 개가 합세하여 짖으며 따라온다. 한번은 얼마나 짖고 따라오는지 오토바이 타신 분이 개들을 쫓아내어 위기를 넘긴 적도 있었다.

학생들에게 너희 집 개 너무 사납다, 묶어놓았으면 좋겠다고 하였다. 정말 사나운 개들은 지역 주민들이 묶어놓아 2년간 편안하게 걸어 다닐 수 있었다. 개들도 영리하다.

자기 주인과 이야기를 나눈 적이 있으면 짖지 않는다.

다른 지역에 있는 간호 단원은 자전거 타고 가다가 개에게 물려 프놈펜에 가서 예방접종을 하고 온 단원도 있었다.

그래도 물리지 않고 잘 다녔음에 감사드린다.

여러 가지 경험하며 학교에 다닐 수 있었음에도 감사드린다.

여기 개들은 예방접종이 안 되어 있어 한번 물리면 접종을 받으러 프놈펜까지 가야 한다.

내가 봉사하게 될 학교는 교장, 교감, 사무 보시는 분, 교사 17명, 총 20명으로 구성되어 있다.

학교에 가보니 나를 학교 조직도 밑에 학교의 일원으로 넣었으며 사진을 붙인다고 사진 한 장을 갖다 달라고 하신다.

첫날은 교장 선생님과 함께 주위에 있는 면사무소, 파출소, 보건지소에 인사를 다니며 2년간 담낙칸튜초등학교에 근무할 간호사라고 소개하였다. 학교 주변에 관공서인 면사무소, 파출소는 도로

변 옆에 같이 있으며, 보건지소는 조금 내려가면 있었다.

병원은 시내에 있었다.

관공서는 나무집으로 되어 있었다.

(사진: 관공서, 담낙칸튜 보건지소, 깜퐁뜨라이 병원)

처음 시작은 그 지역에 관공서에 인사를 시작으로 여러 가지 이야기를 나누며 시간 가는 줄 모르는 즐거운 하루였다.

오늘은 교장 선생님이 이곳에 대하여 오리엔테이션을 주신다.

걸을 때 차, 마차, 오토바이, 자전거, 사람 모두가 오른쪽으로 간다고 하신다. 한쪽 방향으로 가기 때문에 사고 위험률을 낮추어 줄 수 있기 때문이다.

|| 학교 교사 ||

학교 교사들은 수업만 끝나면 자기 수업만 하고 집으로 돌아가는 선생님도 계신다.

어렸을 때 학교는 아이들에게는 좋은 추억을 만들어 주어야 하는 책임감을 느끼게 하는 곳이다.

이곳의 교사들은 교사 수가 적을 때, 9학년 혹은 12학년 과정을 졸업하고 교사양성 과정 2년을 이수하여 교사를 할 수 있다고 했는데 지금은 교과과정이 어떠할지?

최근에는 12학년 졸업 후 4년제 사범 대학 졸업 및 1년의 교육 과정을 이수한 교사도 있다. 교사들이 외국어에 관심이 있어 영어, 중국어를 배우는 교사도 있다.

교사들의 급여는 등급과 연차에 따라 다르지만 우리 교장 선생님은 급여가 적다고 하신다.

교사들의 급여가 적은 관계로 집에서 소를 키우든가, 혹은 야채를 시장에서 팔든가 또는 학교에서 매점을 운영하는 교사, 음식점을 운영하는 교사, 모토톱(오토바이로 손님을 운송하는 것)을 하는 교사, 다양한 종류로 2잡, 3잡을 하는 교사들도 있다. 생업을 유지하기 위하여 다른 직업을 가질 수밖에 없다.

교장 선생님에게 지금 현재는 급여가 적지만 국가 경제가 좋아지면 복지도 좋아지고 나이 들어서 계속 일할 수 있어서 감사히 생각해야 한다고 이야기하였다.

교장 선생님에게 학생을 가르치는 교사들이 돈만 생각하면 미래의 아이들도 돈에만 초점을 맞추어 배우기 때문에 교사의 생각이 전달됨으로 교사의 생각이 매우 중요하다고 설명하니 교장 선생님께서 이해를 하시는 것 같다.

|| 학교 수업 ||

무엇을 교육할까 생각하다가 첫 수업은 내가 캄보디아에 온 목

적, 나는 누구인가, 언제까지 근무, 그다음에 생각한 것은 학생들에게 어떤 교육이 필요할지다.

캄보디아에 오기 전에 한국에서 한국의 초등학교 보건 교육 교재도 보았으며 무엇을 해줄까?

많은 내용을 적어보았다. 적고 또 적고 하다 보니 내용이 많아 그중에 꼭 필요한 내용을 적어 2년 동안 교육계획을 월별로 필요한 달에 맞추어 교육계획을 세웠다.

(사진: 연 교육계획표)

매월 교육 전 교육계획표를 만들어 이런 보건 교육을 하려고 한다고 하며 교육계획표를 학교에 드렸다.

(사진: 매월 교육계획표)

어떤 내용의 교육을 하는지 알게 하기 위함이다. 수업 시간에 담임 선생님, 보건 교육에 관심 있는 선생님도 함께 수업에 참여해 주셨다.

건강에 관하여 관심들이 많으신 것 같다.

교육 내용은 사전에 미리미리 준비하며, 제대로 준비되기 위하여 크메어를 튜터에게 배우며, 아이들에게 가르칠 교육안이 맞게 준비되었는지, 크메어가 맞게 기록되었는지, 반복하여 확인한 후 교육 내용을 반복하여 복습하고, 교육 내용이 아이들에게 정확하게 의사전달이 될 수 있도록 준비하였다.

수업 전 칠판에 교육 내용을 크메어로 기록하여 놓고 정확하게 기록되었는지 선생님들에게도 제대로 교안이 만들어졌는지 확인을 부탁드렸다.

아이들이 여러 나라의 말에 관심을 갖도록 하기 위하여 몇 년도, 몇 월, 며칠, 요일은 크메어, 영어, 중국어, 한국어를 적어 언어에 관심을 갖게 하고, 읽기를 반복하며 추후에 언어에 관심을 갖도록 하였다.

아이들이 나를 만나면 영어 혹은 크메어로 인사를 한다.

나중에 아이들은 영어를 배우고 있는지, 영어 퍼즐 맞추기를 하며, 나에게 보여주었다.

지금은 시작에 불과하지만 세월이 흐른 뒤 이곳에 있는 아이들이 많은 것에 관심을 갖게 되며 삶을 즐기며 즐겁게 살아가게 하고 싶다.

교육된 내용은 보건 교육 내용이기 때문에 모두가 알면 좋을 것 같아 학생들에게 교육을 하고, 학생은 교육을 받고, 집에 돌아가 부모님, 가족들에게 학교에서 배운 내용을 전달하며, 이야기하여 부모들도 건강에 관심을 갖고 건강 관리를 미리 준비하여 예방할 수 있도록 하였다.

학교 수업은 오전반, 오후반으로 나누어지며 오전반은 아침 7시에서 11시까지 오후반은 1시에서 5시까지다.

아침 7시에 수업 시작이지만 선생님은 오시지 않고 학생들이 학교에 일찍 와서 청소를 하고 수업 준비를 한다.

처음 시작하는 수업은 한국을 알리는 것이 중요할 것 같아 애국가, 태극기, 세계 수도, 올림픽, 음식, 각 나라의 의상, 학교에 대하여 캄보디아와 비교하며 설명하였다.

교육하고 설명한 다음에 어느 정도 이해하였는지 파악하기 위하여 그다음 주에 받아쓰기를 하였다. 많은 학생들이 이해한 것 같지 않지만 그래도 반수 이상은 한국어로 쓴 것을 보니 대단하다.

한국어로 칠판에 기록하였는데 받아쓰기에 제대로 적은 것이 조금은 이해가 된 것 같아 감사히 생각한다.

손 씻기 교육을 하여야 하는데 현실과 좀 안 맞는 것도 있다.

이곳은 손을 자주 씻을 수 없다. 손 씻기 교육을 제대로 받기 어렵다. 손을 씻으려고 해도 물을 전기로 올려 사용해야 하기 때문에 손 씻기가 쉽지 않다. 전기 요금이 무척 비싸다.

교사들도 핸드폰 충전을 학교에서 충전한다.

그렇기 때문에 수돗물을 전기로 사용하기는 더욱더 어렵다.

손 씻기를 하기 위해 수도를 설치한다고 해도 전기 요금 때문에 사용하기가 어렵다. 물도 우기에는 충분하지만 건기에는 물이 귀하다.

먹는 물도 빗물을 받아 사용하기 때문에 보건 교육에 중요한 손 씻기를 물로 하기는 어렵다.

손 씻기를 습관화하기 위하여, 손 씻기 중요성을 이론교육 하고 실습한 다음 도서실에 생수와 알코올을 혼합하여 도서실에 준비해 놓고 아이들이 책을 보려고 도서실에 들어올 때는 혼합한 소독제(생수+알코올)를 준비해 놓고 손을 닦고 들어오도록 하였다.

아이들은 알코올의 시원함 때문인지 아이들이 손 씻기를 좋아한다. 책을 읽으러 들어오면 손에 먼저 뿌리고 들어온다. 손 닦는 것을 습관화하면 자연스럽게 손을 닦지 않을까?

지속적으로 손 씻기를 보고, 배우고, 하기 위하여 각 교실마다 손 씻기, 양치질 방법을 인쇄한 컬러 그림 유인물을 코팅하여 만들어 각 교실마다 걸어주었다.

아이들은 그림만 보아도 손을 씻고 닦을 수 있도록 하였다.

내가 떠난 뒤에도 손 씻기, 양치질을 자연스럽게 습관화하기 위함이다.

(사진: 손 씻기, 양치질)

눈

눈은 사람의 인체에서 가장 중요한 부분이다.

이곳은 포장도로가 안 되어 있어 오토바이 하나가 지나가면 도로가 붉은 흙으로 쳐다볼 수가 없다. 오토바이 혹은 차가 한번 지나가면 등을 돌리고 멀리 논길을 바라보며 서 있다가 다시 걷기 시작한다.

그러나 아이들은 그냥 지나가다가 눈에 이물질이 들어가면 자기도 모르게 더러운 손으로 눈을 비비게 된다.

눈을 비비게 되면 눈알에 상처가 생겨 눈의 불편함을 느끼게 된다.

한국에서 보건진료소 근무할 때 우시장에서 소가 자신이 팔려 나갈 것을 알고 계속 발길질을 하며 울자 주인이 화가 나서 소를 때려주었는데 화가 난 소가 발길질을 함으로 눈에 모래알이 들어가게 되었다.

주인이 자기도 모르게 눈을 비벼 눈에 모래알이 박혀 흐르는 물로 씻고 하였지만 너무 심하게 비비어 계속 불편하게 지내는 분을 본 적이 있다.

그래서 아이들에게 눈을 비비지 않고 보호하기 위하여 눈의 중요성에 관하여 교육을 하였다.

교육으로 아이들에게 눈의 모양, 구조와 역할, 중요성, 시력 이상, 근시, 원시, 난시 눈의 질병 중에서 다래끼, 유행성 결막염, 전염성, 알레르기 결막염 이렇게 예방해야 한다고 교육하였다.

건강한 눈 만들기, 보호하기, 책 읽을 때, 누워서 책 안 보기, 눈 운동을 시행하며 교육은 이론교육, 실습, 운동으로 준비하여 교육하였다.

(사진: 예쁜 눈)

감기

더운 나라는 더워서 감기에 걸리지 않을 것 같지만, 아침저녁으로 온도 차가 심하므로 의외로 감기에 걸린 아이들이 많다.

감기는 한 사람이 걸리면 가족들이 함께 앓을 수도 있다.

감기는 목감기로 오는 사람, 기침 감기로 오는 사람, 전염되는 경로가 다양한 방법으로 올 수 있다.

그래서 교육방법으로 감기에 걸리는 이유, 목의 구조, 감기에 걸렸을 때 증상, 감기에 걸렸을 때 방법, 감기 예방법으로 소금물을 끓여 가글링하는 방법을 교육하고, 학교 운동장에서 소금물을 끓여 가글링 실습을 하였다.

주전자에 소금을 넣고 어느 정도의 소금을 넣어야 하는지 만들어 가르쳐 주며, 실습하는데 아이들이 짜다고 뱉고 한다.

아이들이 배운 것을 목감기 걸렸을 때 집에서 활용하면 좋을 것 같다.

실습할 때 아이들이 웃고 제대로 하는 것 같지 않은 것 같았으나 시간이 지나면 필요로 힐 때 잘할 것이라고 생각한다.

건강

건강이란 삶에서 중요한 부분을 차지한다.

왜 체력을 국력이라고 하였을까?

허약한 국민만 있으면 모든 것에 낭비가 많다. 쉬운 예로 생산성도 떨어진다. 건강을 잃으면 모든 것을 잃기 때문에 건강은 삶에서 가장 중요하다는 생각이 든다.

'건강이란 질병이 없을 뿐 아니라 육체적, 정신적, 사회적으로 편안한 상태', 육체적으로 건강하여 질병이 없는 상태 그리고 정신도 건강하고 타인과의 관계에도 문제가 없이 편안한 상태를 말한다. 건강한 상태를 유지하기 위해서 학생들은 어떻게 준비할까?

살아가면서 잃어버리는 것이 여러 가지가 있지만 건강을 잃으면 다 잃어버렸다고 할 수 있다.

그래서 학생들에게 건강의 중요성을 교육하며, 건강을 지키기 위한 생활 습관을 알려주고 건강하기 위해서 어떻게 준비해야 하는지 알려주어야 한다.

학교 운동장에서 학생들이 건강하게 뛰어놀게 하고, 건강에 대해 교육하고 전달하면 학생들도 잘 이해를 하였다. 건강해지기 위한 생활 습관인 충분한 숙면, 골고루 영양을 섭취하는 방법을 알려주었다. 힘차고 즐겁게 친구들과 뛰어놀게 하기 위하여 긴 줄넘기, 축구공, 배드민턴, 블록 쌓기, 각종 놀이기구를 준비하여 주었다.

아이들은 줄넘기를 할 때 한 번이라도 더 뛰고 싶어서 나를 부르러 온다. 그러면 아이들이 재미있게 뛰어 들어갈 수 있도록 줄넘기를 돌려준다.

(사진: 줄넘기 놀이)

여기 아이들은 모든 과일을 소금과 고춧가루를 섞어 만든 것에 찍어 먹는다. 덥기 때문에 땀을 많이 흘려 소금도 중요하지만 짠 것은 많은 도움이 되는 것이 아니다.

건강하려면 5가지 흰색으로 소금, 흰쌀, 흰 밀가루, 흰 설탕, 조미료를 멀리하라고 설명해 주었다.

그러나 이 아이들이 이것을 이해하고 있을까?

그래도 교육을 받으면 먹는 습관을 바꾸려고 하지 않을까?

한마디씩 들은 내용을 언젠가는 고쳐지리라 생각하며 생활 습관이 바뀌리라고 생각한다.

봉사를 마치고 돌아올 무렵 아이들에게 필요한 것이 무엇인지 책을 많이 읽도록 하기 위하여 사 주고 싶지만 캄보디아 초등학교 책 내용을 알 수가 없어 도움을 요청하였다.

프놈펜대학교 한국어과 학생인 나의 튜터에게 프놈펜 서점에 가서 초등학교 아이들에게 필요한 도서 100권을 사고 책장, 필요한 운동기구 물품 등을 구매하여 도서실에 준비하였다.

아이들이 많은 책을 읽고 넓은 세상을 보며 미래의 꿈을 생각할 수 있도록 하였다.

(사진: 새로 단장된 도서실, 도서실의 아이들)

신체검진

학생들이 한 번도 신체검진을 해본 적 없다.

학생들의 건강한 발육상태를 체크하기 위하여 전체 학년의 신장, 몸무게, 시력을 체크하였다.

한 번도 신체검진을 받은 적이 없기 때문에 충분한 설명이 필요했다.

시력 체크를 하는데 한 번도 체크해 본 적이 없는 검사라 아이들이 검사하는 내내 웃는다. 웃는 이유는 한쪽 눈을 가리는데 가릴만한 것이 마땅하지 않아 납작한 작은 스테인리스 주걱으로 가렸다.

시력표는 이 나라에서 만든 시력표로 중학교 이상은 영어로 표기되어 있고, 초등학교는 어느 방향으로 뚫려 있는지 방향 표시만 하면 된다.

(사진: 캄보디아 시력표)

신체검진을 한 결과 몸무게와 체중은 전체적으로 미달에 속하였으며, 캄보디아 교육청에서 보내온 신체발달 표준치보다 수치가 낮았다.

보통 한 학급에 5명 정도는 정상이지만 대부분 신장, 몸무게는 정상 수치보다 낮게 측정되었다.

1년 후 다시 체크할 때 학생들에게 키와 체중에 대하여 작년과 비교하며 증가에 대하여 설명해 주었다.

아이들은 자신이 얼마만큼 커졌는지 키와 몸무게에 대해 관심을 갖도록 하였다.

2회 체크한 신체검진 사항을 학년별, 학급별, 전체 평균, 증가, 감소 비교한 것을 각 담임 선생님에게 드렸다.

학생 전체 신체검진 결과를 교장 선생님에게 파일로 드리며 학생들이 전체적으로 신장, 몸무게가 낮다고 설명하였다.

성장 발달에 도움을 주기 위하여 식생활, 운동이 중요하며, 향후 개선될 수 있다고 하였다.

6학년 아이들에게는 초등학교 때 자신의 건강상태를 기억하게 해주기 위하여 건강카드를 만들어 주었으며, '학교는 아름답게 학생은 건강하게' 본인 사진, 신장, 체중, 시력을 표시하여 초등학교 때 자신의 건강상태를 알 수 있게 만들어 주었다.

(사진: 학생 건강카드)

처음 받은 건강카드에 학생들이 좋아하며 자기 사진이 나온 것에 대하여 좋아라 하였다.

세월이 흘러 나중에 보면 한국에 봉사자가 만들어 주고 간 것을 좋은 기억으로 남게 해주고 싶었다.

올바른 자세

올바른 자세는 학생 때 자세가 제일 중요하지만, 아이들은 잘 모른다.

척추만 바르면 모든 병이 없다고 옛날 어르신들은 말씀하신다.

척추가 바르면 몸 안에 장기도 바르게 위치하기 때문이다.

올바른 자세의 중요성에 대하여 잘 모르고 있다. 대부분의 이곳 학생들은 가방(천으로 만든 옆으로 메는 것)을 옆으로 메고 다니든가, 혹은 비닐 봉투에 노트를 담아서 다니든가, 아니면 그냥 책을 들고 다닌다. 오토바이를 탈 때도 옆으로 앉아서 타고 다닌다.

척추측만증 검사는 하지 않았지만 서 있을 때 자세가 옆으로 기운다. 학생들에게 올바른 자세를 가르쳐 주기 위하여 척추의 구조, 척추의 중요성, 가방을 메고 올바르게 걷는 자세, 앉아서 책 읽는 자세, 누워서 텔레비전 안 보기, 앉아 있을 때 다리를 꼬지 않고 엉덩이를 의자 깊숙이 넣어 등을 펴고 앉기, 걸어 다닐 때는 발뒤꿈치가 땅에 먼저 닿도록 걷기, 무거운 것을 들을 때 무릎을 구부리고 들기, 잠을 잘 때 높은 베개를 베지 말고, 낮은 베개를 베어 척추가 일자가 되도록 교육하였다. 누워서 기지개를 켜든가, 서 있을 때 벽에 등을 대고 펴는 스트레칭을 자주 하도록 하여 의식적으로 허리를 펴도록 하였다.

쉬는 시간, 혹은 아이들이 모이면 등을 벽에 대고 양손을 위로 올려 스트레칭하는 방법을 가르쳐 주었다.

이곳 캄보디아 어른들은 일을 많이 하고, 무거운 것을 많이 들어서인지 모르지만 허리 아픈 분도 많으시다.

척추에 대하여 교육을 받은 아이들은 집에 돌아가서 부모님과 함께 스트레칭 자주 하기, 허리 아픈 부모님은 고양이 자세로 엎드리기를 하여 조금이라도 아픈 것을 해결할 수 있도록 하였다.

허리운동 할 수 있는 그림을 그려, 보고 운동할 수 있도록 하였다. 지금은 잘 몰라 안 할 수도 있지만 아는 만큼 실천할 수 있기 때문에 나는 반복 교육을 한다.

나중에 허리 통증이 있으면 자신도 모르게 배운 것이 기억나서 실천하리라고 생각한다.

신체 기관 관리

심장, 위, 간, 대장, 소장의 위치, 각 장기의 기능, 심장이 멈추면 살 수 없는 것, 중요성, 위는 우리가 먹는 음식물을 섭취하여 모든 영양소가 골고루 우리 몸에 퍼지며, 음식은 골고루, 규칙적으로 먹어야 한다고 알려주었다.

단 음식, 짠 음식은 제한하는 것이 좋다고 교육하였다.

이곳 학생들은 망고, 기타 과일도 소금, 고춧가루가 섞여 있는 것을 찍어 먹는다. 찍어 먹으면 더 맛이 좋다고 한다.

더운 나라로 땀을 많이 흘리기 때문에 적당한 소금 섭취는 중요하지만 과량의 소금 섭취는 인체 장기에 영향을 미치기 때문에 제한하는 것이 좋다고 설명하여 한 가지씩이라도 식생활 개선을 실천하도록 하였다.

우리 몸의 장기는 모두가 중요하지만 심장 뛰는 소리를 들려주기 위하여 각자 청진기를 대고 심장 뛰는 소리를 들을 수 있도록 하였다. 아이들은 심장의 소리를 들으면서 신기해하였다.

(사진: 심장 소리 듣기)

전염병 관리

　교육은 다양하게 많지만 소화기 전염병, 호흡기 전염병, 피부 전염병, 기타 전염병에 대하여 교육하였다. 소화기 전염병은 병균이 음식물을 통해 입으로 들어가는 경로, 전염병으로 콜레라, 장티푸스, 세균성 이질에 대하여 설명했다. 호흡기 전염병은 결핵, 독감 등으로 인한 가래, 기침 등으로 감염되므로 가래는 아무 곳에서나 뱉지 말고 휴지에 싸서 버리도록 교육하며, 기침을 할 때 고개를 옆으로 돌리고 기침하도록 교육 및 실습을 하였다.
　가래가 있고 기침이 계속 심하면 병원에서 가슴 사진을 꼭 찍어야 한다고 교육하며, 결핵은 가족 전체가 앓을 수 있다고 교육하였다. 결핵에 걸리면 기운이 없고, 입맛이 없고, 체중감소로 일할 의욕도 없기 때문에 가족 모두가 힘들어진다고 교육하였다.
　가족 중에 결핵 환자가 한 사람 있으면 가족 모두 병원에 가서 가슴 엑스레이를 촬영해야 한다고 하였다.

피부 전염병

　피부 전염병은 피부의 상처, 곤충(모기, 나방 가루), 못에 찔려 파상풍, 말라리아 등을 볼 수 있으며, 더러운 손으로 피부를 긁어 피부에 염증이 생기는 경우도 있다.

피부에 염증이 생겨 상처가 심하면, 상처를 물로 깨끗이 씻고 소독한 다음 연고를 발라주었다.

상처를 치료한 후, 집에서 깨끗이 치료할 수 있도록 소독제를 주어 상처가 생겼을 때 집에서도 사용할 수 있도록 하였다.

더러운 손으로 상처를 긁지 않도록 하며, 못에 찔렸을 때는 깨끗이 씻은 다음 병원에서 주사를 맞도록 하지만 아이들은 병원에 가지 않는다. 작은 못, 상처를 중요하게 생각하지 않는다.

아이들에게 아무 일이 일어나지 않기를 바랄 뿐이다.

기타 전염병에서 아이들은 수두, 수족구병이 올 수 있다.

한번은 전국적으로 학교 전체에 수족구병이 발생되어 아이들이 사망하는 일도 있다고 방송에 나왔다. 그래서 학교 전체가 휴교령이 내려지고 교육청에서 조기방학 공문을 보내어 일찍 방학할 수밖에 없었다. 그때 한국 내학에서 학생들과 봉사를 나오려고 교수님도 현지 답사까지 하고 모든 준비를 마무리하고 가셨지만 수족구병으로 아이들이 학교에 안 나오기 때문에 한국에서 봉사를 올 수 없었다. 그래서 한국 봉사단은 겨울방학에 봉사를 오게 되었다.

유행성 결막염에 걸렸을 때 전염성이 강하여 눈을 비비지 않고 눈을 만졌을 때는 즉시 손을 씻도록 하였으며, 눈병이 유행할 때는 눈을 비비지 않도록 교육하였다.

전염병 예방법으로 설사, 콜레라, 이질 등의 질병이 돌 때 물이 오염원일 때는 물을 잘 끓여 마시며, 질병이 유행할 때는 사람이 많이 모인 곳에 가지 않으며, 음식물을 위생적으로 보관하고, 평상시 적당한 운동, 영양 섭취를 잘하도록 하였다.

각 학교에는 전염병 예방을 위한 포스터로 해충에 물리지 않도록 하고 음식물 보관방법을 그림을 넣어 만든 포스터가 도서실 안에 붙어 있어 아이들이 볼 수 있도록 하였다.

복통 관리

복통은 배가 아픈 것을 말하며, 아이들은 배가 아플 때가 자주 있다. 배가 아픈 원인이 기생충도 있을 수도 있고, 대변을 못 받을 때, 체하거나, 찬 음식을 먹었을 때, 밥을 못 먹었을 때, 학교 가고 싶지 않을 때 다양한 방법으로 배 아프다고 할 수 있다.

배 아플 때는 배가 왜 아픈지, 원인이 무엇인지, 확인하여 원인에 따라 간호해야 한다. 처치 방법으로 배가 차가울 때는 따뜻한 것을 먹도록 한다. 음식을 꼭꼭 씹어 먹으며, 매운 음식을 피하고, 천천히 먹는 습관을 들이는 게 좋다. 배를 따뜻하게 하는 것도 좋다.

배가 아픈 것은 급성 충수염과 구분하여 충수염 증상이 보일 때는 반드시 병원에 가도록 해야 한다.

땀을 많이 흘리지만 물 사정이 안 좋아 땀을 많이 흘렸는데도 물을 많이 마시지 않아 변비가 올 수 있다. 변비로 인한 복통 호소도 있어 아침에 일어나면 물 마시기, 코코넛 마시기, 배 마사지하기, 동생이 배가 아플 때 배 마사지해 주기, 설사할 때 반대로 배 마사지를 해준다.
각자 자신의 배 마사지로 아픈 것을 감소시키는 실습도 하였다.

응급처치

Ⅰ. 안전한 학교생활
Ⅱ. 안전사고와 응급처치
Ⅲ. 응급 상황 대처방법
Ⅳ. 자연재해와 안전

응급처치는 위 4단계로 나누었다.
Ⅰ. 안전한 학교생활을 하기 위하여 학교 교실에서 장난, 연필 깎는 칼, 계단, 가위, 담 넘기, 모래나 흙 뿌리기 등으로 사고가 발생하지 않도록 주의해야 한다.
Ⅱ. 안전사고와 응급처치에서 물 혹은 불로 인한 화상일 때 상처를 깨끗이 하며 화상으로 물집이 생겼을 때는 물집 안 터트리기, 상처를 입었을 때 상처는 물로 깨끗이 씻도록 하기, 코피 날 때 코를 꼭 잡고 고개를 숙이기, 눈에 이물질이 들어갔을 때 눈 비비지 않기, 벌에 쏘였을 때 카드로 벌침을 빼는 실습, 동물(개, 고양이)에게 물렸을 때 비눗물로 깨끗이 닦기, 뱀에게 물렸을 때 독사 병원에서 해독제를 맞으며 손은 심장보다 낮게 하기, 염좌, 골절, 탈구

되었을 때 부목을 대고 병원에 가는 방법 등 이론교육 및 실습을 하였다.

Ⅲ. 응급 상황 대처방법, 기도 폐쇄 시 심폐소생술, 하임리히법(복부 밀쳐 올리기)은 동생이 사탕 혹은 음식을 먹다가 목에 걸려 청색증이 왔을 때 응급처치를 할 수 있도록 실습을 하였다.

Ⅳ. 자연재해는 태풍, 홍수, 지진에 대하여 이론적으로 설명하며 그림을 보여주었다.

제일 중요한 Ⅲ. 응급 상황 대처방법의 응급처치에 관한 교육은 학생들뿐만 아니라 어른들도 할 수 있도록 자료를 만들어 주어 집에서 부모님과 실습을 하라고 하였다.

지역 주민에게 응급처치 교육을 할 수 있도록 커다란 켄트지에 그림을 잘 그리는 선생님에게 그림과 글을 부탁하여 만들어 놓았다.

추후 지역 주민에게 선생님이 교육하라고 하였는데….

실행을 하였는지 모르겠다. 교장 선생님에게 선생님들이 가지고 있는 지식을 지역 주민에게 나누어 주어 모두가 건강한 지역사회를 만들 수 있었으면 좋겠다고 설명하였다.

그 역할도 학교에서 하는 것이라고 하였는데 교장 선생님은 알았다고 하였다.

(사진: 응급처치)

세계에 대하여

봉사 기간 마지막 달 교육은 아이들에게 세계의 다른 모습을 보여주기 위하여 캄보디아와 근접한 태국, 베트남, 라오스, 필리핀, 파푸아 뉴기니, 기타 다른 나라의 환경 등을 보여주며 설명하고, 기후 조건, 유명한 것, 기타 등등, 캄보디아보다 어려운 나라도 많다고 설명하였다.

선진국의 잘사는 나라는 왜 잘사는지 이야기해 주고, 한국의 계절은 사계절이 있으며 사계절의 아름다운 풍경도 보여주었다.

한국 봄의 녹색 풍경, 여름에는 꽃이 만발하여 아름다운 풍경, 가을의 붉은 단풍, 겨울의 설경, 한국 음식 김치, 불고기, 잡채, 한복, 인사 예절, 하회탈, 서울, 제주도 등 각각 관광지에 대하여 설명해 주있나.

(사진: 한국의 아름다움, 한국의 아름다움(경주), 한국의 아름다움(제주도))

한국의 기업 삼성, 현대의 전자제품, 자동차, 대학병원 시설도 보여주어 한국에 대하여 여러 가지 발전되어 있는 면을 보여주었다. 많은 것을 보게 되면 아는 만큼 볼 줄 알고, 준비할 수 있기 때문에 미래는 이 아이들이 희망이 아닌가!

미래는 이 아이들이 한국의 아이들과 함께 살아가지 않을까?

아이들 중 한국어를 배워 한국에서 일하고 싶어 하는 아이들도 있다.

이 아이들이 한국을 알 때 한국의 모든 것에 관심을 갖게 될 것이다.

지금도 이 아이들은 한국 옷, 한국 물건에 대하여 한국에 관한 모든 것에 관심을 갖고 무척이나 좋아한다.

이 아이들에게 이렇게 다양한 교육을 실시하여 여러 가지 방법으로 접하게 하며, 도서실을 개방하며 아이들이 도서실을 자유롭게 이용하여 많은 책을 읽고, 놀면 많은 것을 생각할 수 있게 하였다.

오전 수업이 끝나고 점심시간이 되면 선생님은 오토바이를 타고 가며, 학생들은 모두들 자전거를 타고 학교를 빠져나간다.

자전거가 없는 학생은 형과 함께 가기 위하여 형 수업이 끝나기를 기다린다. 형들은 동생을 자전거에 태우고 신나게 달려 나간다.

모두가 빠져나가고 나면 학교는 조용하다.

운동장에 돌아다니는 것은 닭, 오리, 칠면조, 개들뿐이다. 이 동물들도 함께하고 싶어 교실 안에까지 들어온다.

어미 닭, 어미 칠면조가 교실에 들어오면 새끼들도 함께 들어온다. 어미가 먹이 찾는 방법을 가르쳐 주는지 천천히 교실 안을 빙빙 돈다. 그러면 새끼도 따라서 졸졸 따라다니며 걷는다.

나는 싸 온 도시락을 먹으며 교실 밖의 황금 들판을 바라본다.

더운 나라는 학교에서 배울 때 2모작을 한다고 하였지만 거의 2모작을 하지 않는다. 심고 나서 익을 만하면 우기가 시작된다.

건기에는 물이 없어 모를 심을 수가 없다.

우리나라는 농사를 기계로 모두 하지만 이곳 농사는 과거 우리

나라 농사지을 때같이 모든 것을 사람의 손으로 해야 한다. 1년에 2번씩 농사를 하기에는 너무 더워서 힘든 것 같다.

점심을 먹으면서 3, 4월에는 논에 벼를 심어 푸르름을 보고, 10, 11월은 황금 들녘을 바라보며, 지금까지 나의 살아온 생활을 생각해 본다. 점심을 먹고 난 후에는 아이들이 학교에 1명, 2명 자전거를 타고 신나게 달려온다. 아이들에게 학교의 상쾌함을 주기 위하여 교실 앞을 깨끗이 쓸며 쓰레기는 모아서 소각을 한다.

이 학교에 처음 올 때 내가 만든 GOAL '학교는 아름답게, 학생은 건강하게'를 실천하기 위함이다.

(사진: 학교를 깨끗하게 청소하는 모습)

청소를 하고 있으면 아이들이 배웠다고 학교에 들어오면서 큰 소리로 "씸앗 쏘코픠웁 러어(깨끗하면 건강하다)" 하며 소리 지른다.

오전반 수업을 마치고 집에 갔다 점심 식사를 하고 오는 아이, 오후반 수업을 받기 위하여 점심 식사를 마치고 오는 아이들, 졸업을 하고 중학교에 다니는 아이들, 점심시간에는 각 학교의 아이들이 동생을 자전거에 태우고 학교에 열심히 온다.

이곳이 우리 학교 도서실이에요. 제가 이곳에서 교육을 해요.

처음 왔을 때는 도서실 교실문이 잠겨 있어서 아이들이 책을 볼 수가 없었다.

아이들에게 책을 볼 수 있도록 하기 위하여 월, 화요일 도시락을 준비해 가지고 출근한다.

오전, 오후 근무하면서 아이들이 책을 볼 수 있도록 하기 위함이다. 이곳은 오전 근무하면 오후는 근무하지 않는다.

아이들이 일주일에 2번 도서실 이용을 하도록 하기 위하여, 주 2회 오전, 오후 근무하면서 점심시간에 아이들이 책을 읽을 수 있도록 하였다. 아이들은 도서실에서 책을 보기 위하여 점심 먹고 자전거에 동생을 태우고 신나게 달려온다.

신나게 달려오는 눈이 큰 밝은 모습 눈에 선하다.

책도 조금인데 보고, 또 보고 해요.

그래서 도서실은 아이들로 가득 채워진다. 바닥은 시멘트 바닥이지만 아이들은 맨발로 들어와 바닥에 앉아 블록을 갖고 노는 아이들, 책을 읽는 아이들, 배드민턴을 치는 아이들, 공을 차는 아이들, 훌라후프를 돌리는 아이들, 줄넘기를 하는 아이들 모두들 하나씩 잡고 각자 놀이에 바쁘다.

얼굴에는 웃음 가득한 천진난만한 모습들 너무 예쁘다.

아이들은 줄넘기가 없어 노란 고무밴드를 연결하여 길게 한 다음 그것으로 돌리며 줄넘기를 하였다.

프놈펜에 가면 아이들에게 무언가 주고 싶어 필요한 물품을 한두 개씩 사가지고 왔다. 줄넘기를 처음 하는 아이들은 한 번도 해보지 않았기 때문에 잘 못하지만 혼자 열심히 연습하다가 줄넘기가 잘되면 신기한지 내 앞에 와서 보여주며 "네악끄르(선생님), 네악끄르(선생님)"를 연신 부르며 자기를 보라고 한다.

칭찬도 해주고, 긴 줄넘기를 돌릴 때는 자기들 줄넘기한다고 나를 부르러 온다.

 술래를 하지 않고 조금이라도 더 뛰고 싶어서 그러는 줄 알고 운동장에 나가서 줄넘기를 돌려준다.

 우리도 옛날에는 가지고 놀 것이 없어 새끼줄을 돌리며 놀았으니까.

 물질만능 시대에 맞추어 살다 보니 옛날 기억은 사라진 지 오래인데 이곳에서 생활하면서 나의 어린 시절을 한 번씩 돌아보게 된다.

 아이들이 신나게 뛰어놀 수 있도록 칭찬해 주며 줄넘기를 돌려준다.

 학생들이 가지고 놀 수 있는 것은 아무것도 없기 때문에 신나게 뛰어놀 수 있도록 즐거운 자리를 만들어 주는 것이 나의 즐거움인지도 모른다.

 학교린 즐겁게 생활하며 자유롭게 뛰어놀 수 있어야 학교에 오고 싶은 마음도 생기게 된다.

 학교는 아이들이 재미있게 놀 수 있는 장이 되어야 하지 않을까? 생각한다.

 내가 있는 동안만이라도 학생들이 많은 책을 읽고, 생각을 많이 할 수 있고, 넓은 세상을 바라보며 아이들이 미래의 꿈을 만들어 갈 수 있도록…. 아이들이 희망입니다.

 이 아이들이 할 일들이 얼마나 많을까?

 한번 태어난 세상 밝고 즐겁게 살아보기를….

 미래의 세상은 너희들의 세상이 될 것이니까?

구충제

　구충제 복용은 개발도상국에서는 매우 중요하다.
　가족 중에 1명만 먹는 것이 아니라 가족 모두, 지역사회 모두가 함께 먹어야 한다.
　프놈펜에서 내려오기 전에 구충제를 사 오려고 약국에 들렀다.
　약국에 들러 사려고 내놓은 구충제가 한국에서 보내온 구충제가 아닌가. 구충제에 태극 마크 스티커가 붙어 있지 않은가.
　약값이 너무 비싸다고 하면서 이것은 한국에서 보내온 구충제라고 말을 하였다. 그렇게 말하니 금액을 반만 내고 가져가라고 한다.
　하는 수 없이 구충제 필요하여 반값만 지불하고 구매해서 내려왔다. 그렇다고 시중에 유통된다고 한국 정부에서 구충제를 안 보낼 수도 없는 일이다.
　너무 깊이 생각하면 일할 의욕을 잃을 것 같아 더 이상 깊게 생각하지 않기로 하였다.
　1년에 1회 섭취하기 위하여 아이들에게 구충제를 나누어 주고, 교사들의 가족 인원수대로 나누어 주고, 크메어 튜터의 지역 주민에게도 인원수대로 나누어 주었다.
　전체 지역이 다 함께 먹어야 하지만 그렇게 할 수는 없었다···.

감사카드 만들기

　카드 만들기는 색종이로 종이접기를 하며, 점심시간에는 아이들과 함께하는 시간이 많았다.
　아이들이 점심시간에 종이접기를 하려고 집에서 점심을 먹고 나면 자전거를 타고 부지런히 학교에 온다.
　아이들과 둥글게 모여 종이접기를 하면서 이야기를 나누게 된다.
　색종이로 카네이션꽃을 접어 감사카드를 만들어 선생님 혹은 부모님에게 감사의 글을 쓰도록 하였다.
　아이들에게 우리나라는 어버이날, 스승의날에 카네이션꽃을 가슴에 달아드리며 감사드린다고 설명을 하니 의아한 표정을 짓는다.
　이 아이들은 '고맙습니다, 감사합니다'를 잘 안 한다.
　수줍고 부끄러움이 많아서인지….
　자기가 접은 꽃이 신기하여 좋아서 들어 보이고 한다.

　(사진: 감사카드 쓰기)

　봉사 활동이 끝나갈 무렵 돌아오기 전에 아이들이 종이접기를 모두들 좋아하여 종이접기 책과 색종이를 젊은 여자 선생님에게 주고 아이들을 가르쳐 주라고 부탁드렸다.
　선생님이 아이들과 함께 하는 종이접기를 통하여 아이들과 가까워질 수 있다. 잦은 손동작을 많이 하면 두뇌가 좋아진다고 하였다.

아이들의 손동작은 작은 것에 관심도 갖지만 작은 것을 통하여 넓은 것에 관심을 갖지 않을까 하는 생각이 들어 많은 것에 관심을 갖게 하고 싶었다. 세상을 넓게 보며 살아가게 해주고 싶은 마음이다.

‖ 방학 ‖

짧은 방학 4월은 캄보디아 명절을 전후로 3주 정도이고 긴 방학은 8, 9월 우기 기간이 된다.

학교는 비가 오면 캄캄하여 아무것도 할 수가 없다.

비가 올 때는 전기가 없어 어두운 관계로 수업을 할 수가 없으며, 교사와 학생들은 교실 앞에서 내리는 비를 바라보고 서 있는다.

한국의 빗소리와는 달리 유난히 소리가 크다.

내리는 비가 나무에 맞아 쏟아지는 빗소리는 더 요란하며, 한 번씩 바람이 휘몰아치며, 떨어지는 빗방울 소리는 유난히도 더 크다.

비가 한번 온 뒤에 학교 운동장은 물이 고여 있으며, 혹은 거센 빗물로 운동장을 쓸어 내려 중간중간에 넓은 웅덩이를 만든다.

물이 흘러내려 간 자리에는 모래인지, 흙인지 알 수 없으며, 모래인 땅은 미끄러워 넘어지기가 쉽다.

어느 단원이 있는 지역은 운동장이 너무 파여 아이들 노는 모습이 안타까워 한국 후원단체에서 흙을 몇 차 사다가 덮어주었지만 비가 한번 오고 나니 다시 다 쓸어가 버리게 되었다고 한다.

그래도 학교 운동장을 파인 채로 방치할 수는 없다.

4월 학생들의 방학 기간은 짧지만 아이들은 많은 일을 할 수가 있다.

방학 동안에는 학교 근처 동네를 걸어 다니며 보면 아이들은 소를 몰고 다니든가, 모를 나르기도 하고, 부모님과 같이 모를 심기도 한다. 일을 하면서 큰 소리를 지르며, 반기는 목소리로 "네악끄르, 네악끄르"를 외치지만 너무 더워서 손 한번 올리기도 힘들다.

하지만 나도 모르게 손이 위를 향해 걸어가면서 손을 흔들고 지나간다. 부모와 함께 즐겁게 일하는 아이들!

속으로 나는 '너희들에게 축복이 있을 거야!' 하며 걸어간다.

이렇게 눈이 크고, 눈썹이 긴 예쁜 아이들 나도 이 아이들의 순수함을 배워야 하는데 고마운 아이들….

입학식

입학식은 우기인 8, 9월 긴 방학이 끝나고 다시 신학기가 시작되며 입학식도 있다. 신학기가 시작되면 학교에서는 학생 전체에게 책과 노트를 나누어 주며, 부모님들도 학교 입학식에 함께 참석하시어 아이들을 바라보고 계신다.

입학식에는 한국의 부모님들과 같이 이곳 아이들의 부모님들도 입학식을 시작에서 끝날 때까지 보고 계시며, 만삭의 몸으로 오시는 어머니도 계신다.

(사진: 입학식 전경)

출석

아이들은 집과 가까운 곳에 사는 아이들도 있고, 먼 곳에서 사는 아이들도 있다.

먼 곳의 아이들은 7살 동생과 9살 형이 같은 학년으로 형과 함께 학교에 다닌다. 집이 먼 관계로 혼자 다닐 수가 없어 동생과 같이 입학하여 엄마가 오토바이로 태워다 줄 때도 있고 형이 동생을 자전거 뒤에 태우고 올 때도 있다.

학교와 집이 먼 관계로 자전거가 없어 학교에 못 오는 아이들도 있다.

자전거 한 대로 오전반, 오후반 교대로 학교에 오는 아이들도 있다.

그래서 아이들은 결석 없이 학교 다니기가 쉽지 않다.

방학이 되어갈 무렵에는 아이들이 많이 결석을 하게 된다.

방학이 끝난 후 학생들의 한 학기 동안(6개월) 출석률 체크를 해 보니, 한 학기 동안 한 번도 안 빠진 학생이 6학년 2학급에서 전체 69명에서 43명이 100% 출석이었다.

100% 출석한 아이들에게 추억을 만들어 주기 위하여 무엇을 만들어 줄까?

무덥고 바쁜 농번기에 한 번도 안 빠지고 학교에 출석하기란 어려운 일이다.

영원히 기억할 수 있는 추억을 만들어 주기 위하여, 한국에서 준비해 온 폴라로이드로 즉석 사진을 한 장씩 찍어 주기로 하였다. 모두들 사진이 즉석에서 나오는 것을 보고 신기해하며, 기뻐서 서로 자신들의 사진을 나누어 보며 어찌할 바를 모르고 좋아한다.

이 작은 것에, 이렇게 기뻐하며 즐거워하는 눈빛, 나는 그 맑은 눈빛을 잊을 수 없으며, 아이들에게 무언가 자꾸 해주고 싶은 마음이 생긴다.

이 아이들은 사진 한 장에 이렇게 기뻐서 어쩔 줄 몰라 하니 말이다. 이 아이들의 눈빛을 보면서 나도 작은 일에 감사할 줄 아는 마음이 생기는 것 같다.

학교 졸업식

학교 졸업식은 방학하기 전 7월에 하는데 졸업식을 하는 학교도 있고 졸업식을 안 하는 학교도 있다.

방학이 되어갈 무렵에는 선생님들도 수업을 안 하게 되며, 학생들도 학교에 안 나오다 보니 자연스럽게 방학이 된다.

졸업식은 운동장에서 하려고 하였지만 간헐적으로 오는 비 때문에 절에서 하기로 하였다. 학교 옆에는 절이 있다.

졸업식 플래카드는 종이로 하나하나 글씨를 써서 만드는데 글씨를 너무 예쁘게 잘 써서 감탄할 정도이다.

플래카드를 걸고 졸업하는 모든 학생에게 중학교 가면 사용할 수 있도록 전체 학생에게는 형광펜, 볼펜을 나누어 주고 잘한 학생에게는 한국에서 가져온 티셔츠를 2장씩 5개를 예쁜 주머니에 담았다.

(사진: 졸업식 선물)

영어사전은 10개를 예쁘게 포장하여 코이카 마크를 붙여 중학교에서 영어사전을 사용할 수 있도록 하였다.

아이들이 나중에 어른이 되면 한국을, 한국국제협력단을 기억할 수 있도록 하였다.

(사진: 졸업선물 영어사전)

한국의 졸업식은 1년 개근상, 3년 개근상, 정근상도 있어 초등학교 6년 개근, 중학교 3년 개근상을 받을 때 나는 영어, 국어사전을 받고 어머니도 스테인리스 밥통을 받으셨다.

한국도 과거 그 시대는 동네에서 노래자랑을 해도 상품으로 양은 냄비 그릇을 주었으며, 1970년대에는 스테인리스로 만든 그릇을 주었다.

스테인리스 그릇은 집에서 사용하는 그릇 중에서 가장 좋은 그릇이었다. 던져도 깨지지 않고 양은처럼 찌그러지지도 않고 닦으면 윤이 반짝반짝하게 빛났으니 말이다.

졸업식 행사는 식순에 의해서 진행되고, 학생들은 노래도 하고 모범생인 학생에게는 비닐 봉투 명찰을 걸고 있으면 기관장들, 혹은 동네 어르신들이 돈을 그 봉투에 넣어주는 것이 이곳의 문화이다.

처음에는 돈을 준다는 것이 이해가 좀 안 되었지만 면 소재지에서 물건을 살만한 것은 없고, 돈은 쉽게 줄 수 있고 제일 유용하게 사용할 수 있기 때문이 아닌가 싶은 생각이 든다.

아이들에게 상장

전국의 학교 모두 휴교령에 들어가 방학을 일찍 하여야 하는데 방학식을 하면서 잘한 아이들에게 상품으로 노트를 주고 하였는데 교장 신생님에게 상장을 만들어 주면 아이들이 졸업 후 학교를 기억한다고 하였더니 이번 방학식에는 상품과 상장을 만들었는데 아이들이 상장을 받으면서 모두들 즐거워한다.

교장 선생님과 이야기만 나누면 교장 선생님은 내가 한 이야기를 실천을 하는 것이다. 감사한 교장 선생님이다.

(사진: 상장을 받고 좋아하는 아이들)

우리 교장 선생님을 선진국에 견학해 드리면 캄보디아 초등학교도 많이 발전할 것 같다. 교장 선생님이 내가 하는 이야기의 의사소통이 잘 안되어도 귀담아들으시며 행동으로 옮기는 것에 감사할 뿐이다.

꼬마 언더라지웃 틍하이(어린이날)

꼬마 언더라지웃 틍하이(어린이날)는 있지만 어린이를 위해 특별한 행사를 한 적은 없는 것 같다. 어린이를 위하여 왓 프놈으로 소풍 혹은 걷기대회도 한번 하고 싶었지만 하지 못하였다.

교장 선생님에게 한국은 이런 행사도 있다고 설명을 드렸지만 반응이 없으신 걸 보니 마음이 딱 끌리지 않으신 것 같지만 무척 덥기 때문에 걷기 대회는 이 나라 문화에 맞지 않은 것 같다.

어린이날 행사에는 관심을 가지신 것 같다.

교장 선생님에게 한국의 어린이날에 대하여 상세히 설명을 해드렸다.

한국은 어린이날에 미술대회, 어린이를 위한 행사가 다양하게 열리며, 가족과 함께 소풍도 가며, 관광지는 입장료가 없고, 음식점도 할인되는 곳이 있다고 설명하였다.

우리 교장 선생님은 내가 하는 이야기를 잘 들으시며 어린이날 행사를 하시겠다고 하신다.

어린이날 행사를 하기 위하여 한국에서 자전거 달리기 대회를 마친 후 남은 어른용 티셔츠를 보내주셨다.

한국에서 물품이 오려면, 캄보디아 프놈펜을 거쳐야 한다.

지방으로 물건을 부치려면 지역 버스를 통해 전달하게 되어 있다.

부친 물건을 타운에 가서 찾아와야 하는데 교장 선생님이 물건을 찾아오시려면 1시간 정도 거리까지 가셔야 한다.

오토바이로 타고 찾아오려고 하였으나, 박스가 큰 것이 3개나 되어 택시를 불러 박스를 싣고 오셨다.

박스를 풀어보니 엄청난 많은 물량에 모두들 좋아서 어찌할 바를 몰라 하신다. 작은 선물에 이렇게 모두들 좋아하니 말이다….

선생님들의 옷과 모자는 선거 때 입은 옷들이다.

숫자가 어쩌면 그렇게 딱 맞는지 티셔츠는 여자 선생님, 점퍼, 모자는 남자 선생님, 모두들 옷을 입어보고, 모자 쓰고, 웃어보고 서로 마주 보고 너무 좋아하신다.

흰색 티셔츠는 교육청, 각 기관장, 스님도 나누어 드렸다. 아이들은 티셔츠가 크기 때문에 1~2학년은 볼펜을 나누어 주고, 3~6학년은 하얀 티셔츠를 나누어 주고 행사가 끝나면 부모님을 드리면 될 것 같았다.

아이들은 모두 하얀 티셔츠를 입고 좋아서 어쩔 줄을 몰라 한다.

(사진: 티셔츠 선물 받고 좋아하는 아이들)

어린이날 행사에는 교장 선생님에게 200$를 드려 한 학급에 5명씩 옷 한 벌씩을 선물로 주기로 하였다. 어려운 학생만 주는 것보다 1명은 공부를 잘하는 학생, 4명은 어려운 집 아이들을, 반 담임 선생님에게 추천을 받아 주기로 하였다.

(사진: 어린이날 선물 받는 아이들)

    어린이날을 선생님, 학생들, 모두가 기억하게 해주며, 나중에 내가 떠난 후에도 그런 행사를 하였으면 하는 바람이다.
    이곳은 행사만 있으면 졸업식에도 노래를 부르고, 노래를 잘하면 부모님, 친척들이 잘한 학생에게 돈을 나누어 준다.
    어린이날에도 학생들이 노래 부르며, 훌라후프 돌리기를 하는데 나중에 멈추지 않아 선생님이 멈추게 하였다.
    잘한 어린이에게는 상품으로 티셔츠 각종 물품을 나누어 주었다.

(사진: 어린이날 훌라후프 돌리기 대회)

‖ 아이와 지역 주민 ‖

    아침에 학교를 갈 때마다 만나는 어린이다.
    걸어가는 것을 보면 학생 교복은 흰색인데 낡았고 옷 색깔은 길의 붉은 먼지로 인한 붉은색의 남방을 입고 맨발로 다닌다.
    어느 때는 자전거를 타고 가는데 꼬마 자전거로 거의 엎드린 상태에서 자전거를 탈 수밖에 없다. 자전거 바퀴를 쉴 틈 없이 빨리 돌리며 타고 학교에 가는 아이가 마음에 걸린다.
    이 학생은 나중에 알고 보니 담낙칸튜초등학교 3학년 학생이다.
    어느 때는 돌아오는 길에 만나면 학교에서 걸어오며 중간중간에 무엇을 잡는지, 잡을 것이 있는지, 집에 갈 생각을 안 하고 도랑에 들어가서 놀고 있다. 건기에는 도랑에 물이 다른 곳으로 흘러가지 않게 막고 있을 때도 있다.

이 아이에게 슬며시 노트와 볼펜을 넣어주면, 힘 안 들이고 웃는 모습은 너무 순수해 보이며 마음이 짠하다. 학교에서 놀 때도 혼자 아무 말 없이 무언가 만들며 혼자 논다.

길에서 만나는 아이들에게 무언가 주려고 사탕, 노트, 볼펜을 준비하고 다니다가 나누어 주면 아이들은 "어꾼 쯔란(대단히 감사)", "어꾼 쯔란"을 몇 번씩 반복한다.

작은 것에 기뻐하는 아이들을 생각하여 배낭에는 항상 먹을 것을 넣고 다니다가 나누어 준다.

처음에는 무겁게 프놈펜에서 사가지고 와서 나누어 주다가 나중에는 근처 시장에서 노트를 사고 볼펜은 프놈펜에서 예쁜 것으로 사가지고 학교에 노트, 볼펜을 준비해 두고 잘하는 아이, 책을 다 읽고 정리하는 아이들에게 나누어 주면 볼펜 하나에도 아이들이 너무 좋아한다.

책을 잘 읽는 아이가 책을 잘 못 읽는 아이에게 글을 가르쳐 주어 다 같이 잘할 수 있도록 한다.

다양한 방법을 가르쳐 주어 아이들이 함께 나누며 배울 수 있도록 하기 위함이다.

학교에 끝나고 돌아올 때 길가에 늘어진 야자수, 망고나무 그 사이로 아이들이 내다보며 "할로 할로" 하며 부르는 아이들!

손을 흔들며 돌아오기도 바쁘다. 그 뜨거운 태양 빛을 맞으며 걸어가는 나에게 누가 나를 이렇게 환영해 줄까?

어느 때는 걸어서 가고 있으면 오토바이를 타고 가는 아주머니는 아이들 3명을 태우고 달리면서 태워준다고 오토바이를 세운다.

나를 어디에 앉으라고, 달리지 않고 서 있으면서 계속 타라고 한다. 감사하다고 하며 계속 걸어간다.

한 번 타고 두 번 타고 오토바이 타고 가는 것을 한번 맛을 들이면 아직도 있을 날이 먼데 걷기 싫을 것 같다.

그래서 나는 오늘도 열심히 걸어 다닌다.

걸으면 더운데 힘들기보다 좋은 점이 많다.

걸으면서 만나는 주민들과 이야기도 나누고 건강에 대하여 물어보기도 하고 이야기 나누는 이 사람들과의 만남을 통하여 나는 사람 사는 삶의 맛을 느낄 수가 있다.

다리에 상처 난 학생

학교에 출근하니 학생이 오토바이를 타다가 넘어져서 무릎 아래 깊은 상처가 생겼다. 옛날부터 내려오는 민간요법이 치료방법 중 제일 좋은 것으로 치료한다고 풀잎을 태워 바르고 왔는데 염증이 심했다.

한국도 1980년대 진료소 있을 때 간질 발작을 하면서 불을 때는 아궁이에 발작하면서 아궁이에 다리가 들어갔을 때 화상을 입은 환자가 소똥을 태워 바르고 오셨다.

화상 입은 상처에 염증이 심해 양동이에 물을 펄펄 끓인 다음, 물을 식혀 상처를 물에 담가 더러운 것이 떨어져 나가게 하고, 상처의 더러운 것이 다 떨어져 나간 다음 상처 치료를 해주었다.

상처 부위가 너무 커서 처음은 거즈로 덮어주고 수건을 깨끗이 빨아 말린 다음 덮어주었다.

여동생의 오빠가 지극 정성으로 겨울인데 경운기에 태워 매일매일 진료소를 방문하였다.

2주간 깨끗이 상처를 치료한 다음 새 피부가 차올랐을 때 병원에 가서 피부이식을 하도록 하여 피부이식이 잘되도록 하였다. 상처는 깨끗이 하는 것이 제일 중요하다.

우리나라도 건강보험이 없는 시설 병원에 갈 수가 없는 상황이었다.

수술을 하려면 소를 팔아 수술을 하고 송아지 한 마리를 살 수 있으면 수술을 하였다. 그렇게 소가 우리 농촌의 재산이다.

현재 캄보디아 의료 수준도 옛날 한국의 의료 수준이다.

이곳에서도 민간요법이 잘못되었다고 탓하기보다는 잘 설명한 뒤 추후에 상처가 났을 때 하지 않도록 설명하였다.

풀잎을 태워 바르고 온 학생에게 상처를 빗물로 깨끗이 씻어낸 다음 소독을 하고 연고를 듬뿍 발라주었다.

더러운 것이 흘러나오게 하기 위함이다.

이곳 아이들은 감사하게도 치료하는 대로 상처가 잘 나아진다.

약을 많이 안 사용했기 때문인지 모르겠지만 하루도 거르지 않고 치료받을 수 있도록 매일 오라고 하였다.

파상풍 주사를 병원에 가서 맞으라고 하지만 모두들 가지 않는다.

파상풍의 중요성을 잘 모르기 때문인 것도 있고 비용 때문에도 못 간다. 아이는 하루도 거르지 않고 찾아온 덕분인지 상처에 흉터는 생겼지만 많이 좋아졌다. 소독제와 연고를 주고 집에서 상처를 깨끗하게 소독한 다음 바르라고 하였다.

모든 것이 잘되고 좋아짐에 감사한다.

발바닥이 못에 찔린 학생

발바닥이 못에 찔린 학생은 다리를 절름거리며 운동장을 돌아다닌다. 치료해 준다고 오라고 하지만 절룩거리고 걸으며, 하얀 끈을 길게 매달은 채 뛰어논다.

보건실로 데리고 와서 어떻게 다쳤냐고 하니 못에 찔렸다고 한다.

상처를 보니 굵은 못에 찔린 것 같다. 발바닥은 새까맣고 곪지는 않았지만 붉게 많이 부어 있는 상태다.

아이들은 맨발로 뛰어놀기 때문에 상처가 있을 때 파상풍 주사를 꼭 맞아야 하지만 이 아이도 병원을 안 간다.

비용도 많이 들지만 사망 원인이 파상풍인지, 고열인지 모르기 때문이다. 빗물로 발을 깨끗이 씻은 다음 상처 치료를 하고 발에 흙이 들어가지 않게 하기 위하여 붕대를 감아주었다.

집에 돌아갈 때는 다시 한번 보건실에 들러서 치료를 받고 가도록 하였다. 치료를 다시 해준 다음 붕대가 풀어지면 소독약을 바르라고 소독제를 한 병 담아주었다.

추후에 상처가 생기면 서로 나누어 바를 수 있도록 듬뿍 담아주었다.

이곳 사람들도 다쳐 상처가 있을 때 풀잎을 붙이든가 민간요법을 하든가 약품으로 치료하지 않는다.

그래도 파상풍 주사는 맞지 않았지만 상처가 나아질 수 있음에 감사한다.

║ 선생님 손이 부으셨다 ║

선생님 손이 부으셨다. 선생님이 손가락 엄지와 검지가 구부러지지 않으며 손이 퉁퉁 부어 손가락을 움직일 수 없다고 오셨다.

무엇에 물린 흔적은 없고 병원에 가보시라고 하지만 대부분 비용이 비싼 관계로 병원을 안 가신다. 무엇에 물렸냐고 물어보니 물린 적은 없다고 하신다. 그런데 어제 일을 많이 하셨기 때문에 손가락을 많이 사용하셨다고 하신다. 손가락을 많이 사용한다고 그렇게 많이 부어오를 수 없다고 말씀드렸다.

주무실 때 손을 올려놓고 주무시고, 미지근한 물에 손가락을 담가 움직이라고 말씀드렸다.

통증이 있다고 하여 소염진통제를 1일치 드리고 내일 보자고 하였다.

다음 날 일찍 오셨다. 물에 담가 움직임 때문인지 많이 부드러워졌다고 하신다. 부종은 많이 빠지지 않았지만 좋아진 것 같다고 하신다.

지속적으로 더운물 찜질을 하시며 손을 올리고 다니시라고 하였다. 추후 상태가 많이 좋아지니 선생님은 감사의 표시로 딸 학생을 시켜 바나나잎으로 싼 찹쌀떡을 집에서 만들어 오셨다.

작은 것에 이러한 나눔은 우리나라 한국의 정서와 비슷한 것 같다. 작은 것에 감사함의 표시 내가 감사할 뿐이다.

‖ 유치원 아이들 ‖

유치원은 초등학교에서 함께 운영되며 유치원 아이들은 오전에만 수업이 있다. 유치원 수업하는 동안 엄마가 수업하는 교실을 들여다보고 있고, 어느 어머니는 아이를 업고 수업이 끝날 때까지 수업을 들여다보고 계신다. 어느 아버님은 끝날 때쯤 아이를 데리러 오시기도 한다.

아이들의 수업은 다양한 방법으로 수업이 진행된다.

수업 용품도 다양하게 많은데 일본에서 지원해 준 수업 용품이 많다.

책도 일본 책에 캄보디아 크메어를 번역해 적어놓았다.

나도 한국에서 온 동화책에 캄보디아 크메어를 컴퓨터로 작업하여 한국어를 그대로 두고 옆에 번역해 놓았다.

한국어를 남겨놓은 것은 한국어 공부하는 사람들이 동네에 있기 때문이다.

유치원 아이들에게는 보건소에서 나와 비타민을 나누어 준다.

아이들의 영양실조로 인한 성장발육에 도움을 주기 위함인데 어떤 아이는 울면서 약을 안 먹는 아이도 있다.

대부분 우는 아이를 달래 먹이기도 하지만….

울음을 달래도 그치지 않는 아이에게는 방법이 없어 먹이지 못하고 가는 경우도 있다.

비타민은 시럽이라서 삼키기는 좋은데 아이가 겁나서 그런지 잘 안 먹으려고 한다.

(사진: 영양제를 먹는 아이들)

우리나라도 초등학교 때 기생충 약을 학교에서 나누어 주어서 먹고 수업 끝나고 집에 돌아올 때는 하늘이 노랗게 보이고 어지러웠다.

고혈압 선생님

4월 방학 때 동네를 돌고 있는데 6학년 담임 선생님이 논에서 상의를 입지 않은 채, 소로 논을 갈고 있으며, 다음 날은 지나가다가 보니 모를 심고 계셨다.

4월은 캄보디아에서 제일 더운 달인데 일을 하고 계신다.

그 선생님은 학교에서 몇 번 혈압을 체크해 드렸는데 혈압이 무척 높았다. 혈압이 높은 관계로 병원에 다니셔야 한다고 하였지만 안 다니신다. 혈압을 매일 체크해 드리지만 정상 수치보다 많이 높으신 분이다. 계속 높게 측정되어 프놈펜에서 약 처방을 받아 갖다 드리고 아침마다 혈압을 체크해 드린 분이시다.

그런데 이 더위에 일을 하고 계셨다. 괜찮을까? 하고 인사만 하고 지나갔다. 그러나 그때가 마지막 본 모습이었다.

개학을 하고 학교에 가니 6학년 담임 선생님은 쓰러지셔서 입원을 하셨다고 하신다. 괜찮을 줄 알았으나 일어나지 못하고 돌아가셨다. 그 선생님 집은 학교 옆에 있어 집에 상(喪)을 차렸다.

학교 선생님, 학생들 단체로 학생들이 줄을 서서 문상을 간다고 하여 나도 함께 동행하였다. 가난한 교사 도와준다고 한국식으로 향을 피우고 절도 하고, 조의금도 하고 돌아왔다. 이곳은 시신을 탑 모양 만들어 꼭대기에 모시고 상주들은 탑 주위를 계속 돈다. 그런 다음 공포탄을 쏘며 장례식이 끝난다.

(사진: 선생님 장례식에 참석한 학생들 모습)

학교 활동 자료

▲ 관공서

▲ 담낙칸튜 보건지소

▲ 깜퐁뜨라이 병원

교육계획

월별	제목	세부내용
2010년 12월	한국에 대하여	한국알리기(인사말, 예절), 운동
	손씻기	손의 중요성, 언제씻나요, 손씻는 방법
2011년 1월	눈관리	눈의구조, 눈의중요성, 눈 질환, 눈운동
2월	감기	목구조, 목질환, 편도선검사, 가글하는방법
3월	건강관리	건강이해, 건강한식습관, 건강검사종류, 질병예방
4월	방학	
5월	신체검진	키, 몸무게, 시력검사
6월	올바른자세	나의건강습관, 사춘기, 건강한몸 만들기, 척추자세
7월	신체기관별 건강관리	척추, 위, 폐, 심장, 장의 중요성
8월	방학	
9월	방학	
10월	신체기관별 기능	호흡기, 순환기, 만성질환 관리
11월	전염병 관리	학생에게 잘 발생하는 전염병에 대하여 관리방법, 자신을 보호하는 방법 (수두, 이하선염, 기타등등..)
12월	복통관리	복통이란?, 원인, 주의사항
		복통이 있을때 통증 줄이는 방법
2012년 1월	응급처치 Ⅰ	응급처치 왜 필요한가.
2월	응급처치 Ⅱ	화상, 골절, 삼각건 사용, 부목사용, 붕대감는법
3월	응급처치 Ⅲ	사고, 사탕 풍선 목에 걸렸을 때.
		출혈 시.
4월	방학	1주 정도 수업 응급처치 보충
5월	신체검사	2011년 신체검사 기준
6월	세계에 대하여	가지고 있는 세계 각국의 환경.
		작가에 대하여
7월	한국에 대하여	한국의 계절, 문화, 한국 물건, 기업에 대하여
8월	방학	
9월	방학	

▲ 연 교육계획표

▲ 매월 교육계획표

▲ 손 씻기

▲ 양치질

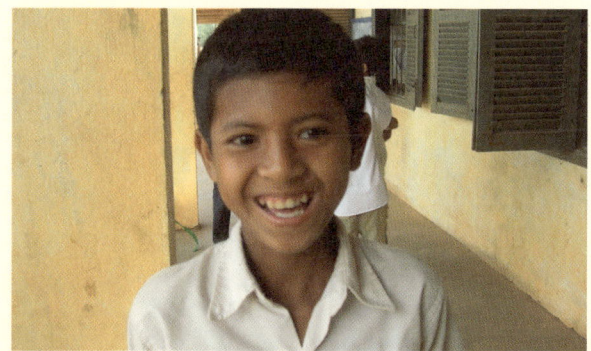

▲ 예쁜 눈

▲ 줄넘기 놀이

▲ 새로 단장된 도서실

▲ 도서실의 아이들

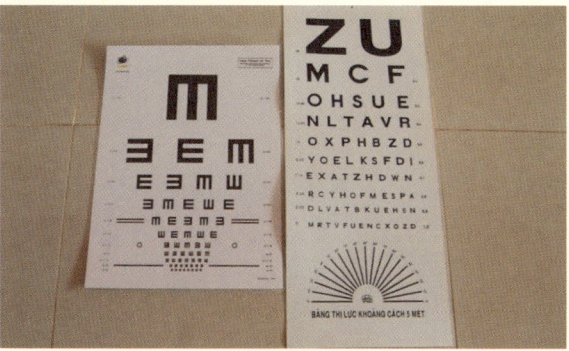

▲ 캄보디아 시력표

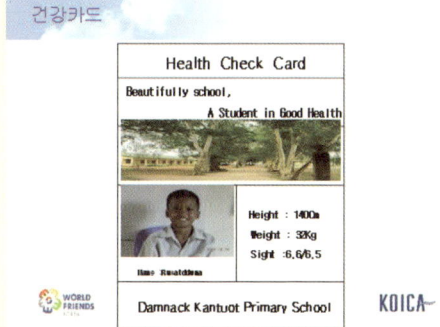

▲ 학생 건강카드

▲ 심장 소리 듣기

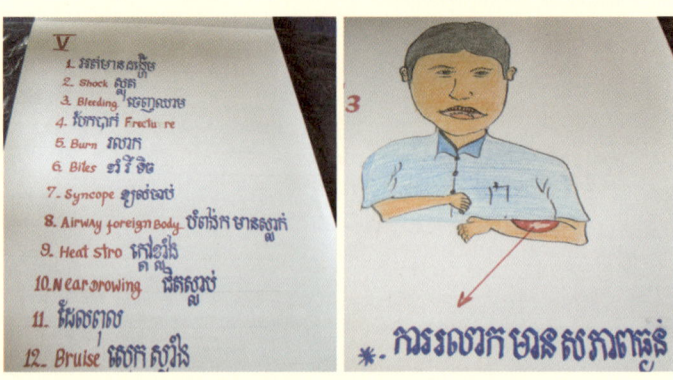
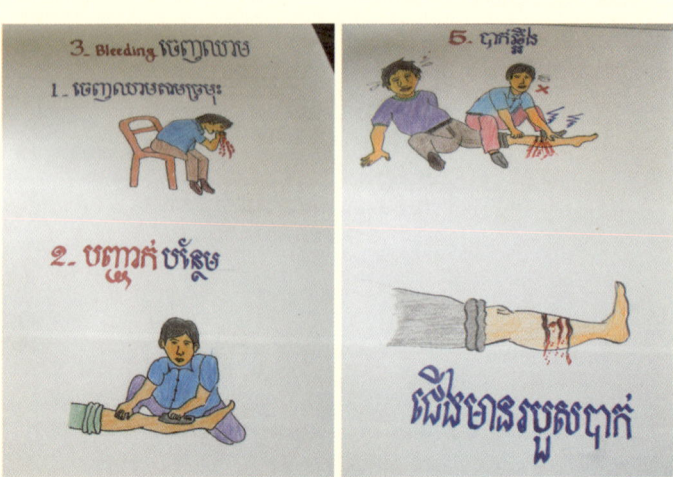

▲ 응급처치

▲ 한국의 아름다움

▲ 한국의 아름다움(경주)

▲ 한국의 아름다움(제주도)

▲ 학교를 깨끗하게 청소하는 모습

▲ 감사카드 쓰기

▲ 입학식 전경

▲ 졸업식 선물

▲ 졸업선물 영어사전

▲ 상장을 받고 좋아하는 아이들

▲ 티셔츠 선물 받고 좋아하는 아이들

▲ 어린이날 선물 받는 아이들

▲ 어린이날 훌라후프 돌리기 대회

▲ 영양제를 먹는 아이들

▲ 선생님 장례식에 참석한 학생들 모습

기관 활동

교사 회의

　교사 회의는 담낙칸튜 면 소재지 주변 학교 교사들이 회의를 하는 날이다. 학교에 회의가 있는 날은 학생들 수업이 없어 학생들은 학교에 안 나온다.
　담낙칸튜 면 소재 학교 남자 선생님 36명, 여자 선생님 18명 모두 54명이다. 그래도 남자 선생님이 많다.
　전체 회의는 각종 내용을 보고하고, 회의가 끝난 다음 학년별로 선생님들이 나누어져 학교 계획 관련 회의를 하게 된다.

우리 교장 선생님은 모든 회의에 나를 참석하게 한 후 회의에 관한 내용을 나에게 설명해 준다.

1차 회의를 마친 다음 휴식 시간에 밖에서 아이들이 놀고 있어 간식을 함께 먹으려고 과자를 사 오라고 하였더니 새우깡을 사가지고 와서 1개씩 나누어 주었다.

1개에 300리엘(50원 정도) 주고 샀다면서 아이들은 나에게 새우깡이 그려져 있는 그림을 보며 크메어로 하나하나 설명을 하며 발음을 또박또박 말해준다. 내가 외국인이라 자기네 나라말 한 자라도 더 가르쳐 주려고 말한다. 끝나고 나면 나에 대하여 궁금한지 자식이 몇 명 있냐고 하며 계속 물어본다. 아이들은 궁금한 것이 많을 것이다.

회의를 하는 동안 회의 내용을 듣는 내용도 있고, 잘 못 알아듣는 내용노 있기 때문에 회의 내용을 한국말로 계속 받아 적은 다음 집에 돌아와 크메어 공부할 때 튜터에게 학교 회의 내용을 물어보아 회의 내용을 이해하였다. 회의 내용을 모르면 답답하기 때문이다.

회의를 하기 전에 각 학교에서 활동한 내용, 사진을 큰 켄트지에 붙여 전체 활동한 내용을 한눈에 볼 수 있도록 만들어 걸어놓는다.

(사진: 학교 전체 활동 내용)

우리 교장 선생님은 내가 학교에서 교육한 내용을 전체적으로 기록 하여 지역 기관 회의 시 보고한다.

매월 교육할 내용 계획서를 드리지만 항상 교육한 내용에 대하여 물어본다. 내가 하는 내용에 대하여 관심이 많으신 분이다.

기관장 회의

 기관장 회의가 있다고 교무실 안을 깨끗이 정돈하며, 학교 물품 정리하고, 전체 대청소하고, 쓰레기도 소각하고 회의를 준비한다.
 기관장 회의는 그 지역에 기관장으로 교육청장, 면장, 스님, 지역사회 회장, 파출소장, 각 학교장, 학교 안에 있는 사찰 스님, 각 학교에 선생님들도 참여한다.
 교육청에 계시는 분이 크메어 많이 늘었냐고 물어보신다. 가끔씩 이해를 도와주기 위해서 영어로도 말씀해 주신다.

(사진: 지역기관장 회의)

 기관장 회의는 끝나고 나면 식사도 다양하게 준비하여 점심 식사를 하고 갈 수 있도록 준비하신다.
 식사를 맛있게 먹고 있는데 교장 선생님이 집에 가도 된다고 하신다.
 나는 끝날 때까지 함께하고 마무리하려고 하였는데….
 이곳 문화는 한번 모이면 식사뿐 아니라 술도 마신다.
 외국인인 내가 있는 것이 불편하신 것 같다. 괜찮다고 하였으나 내가 있으면 불편해서인지 계속 먼저 식사하고 가라고 하여 먼저 인사를 하고 나올 수밖에 없었다.

학교에서 돌아오는 길에 먹고 싶은 과일들이 있어 맛있는 과일 두리안을 사가지고 돌아왔다.

두리안 몇 개를 사가지고 냉동실에 넣어두었다가 먹기 전에 하나씩 냉동실에서 꺼내 녹인 다음 먹으면 정말 맛있다.

40도를 넘나드는 뜨거운 나날!

정말 머릿밑이 뜨거워 얼음을 머리에 얹어놓고 다녔으면 하는 생각도 든다. 걸어오는 동안 길에 아무것도 없고 사탕수수 내리는 것만 있지만 사탕수수 기계를 빗물로 닦아 눌러 내리며, 기계는 녹이 슬어 먹고 싶은 마음이 안 생긴다.

너무 뜨거울 때는 하는 수 없이 한 잔 마셔보지만 시원한 얼음에 달달하게 만든 사탕수수는 더위를 식혀주고 꿀맛이지만 쉽게 사 먹게 되지 않는다.

더워서 정신없이 집에까지 걸어오면 문을 여는 순간 한숨이 휴….

직업훈련원 수료식

직업훈련원은 절 옆에 있고 학교 안에 함께 있다. 직업훈련원에서는 전통 악기, 양재 등을 배운다.

교장 선생님은 옷을 잘 만들었다고 하였더니 여기저기 옷장을 열어 보이며 사 입으라고 하신다.

전통 악기는 큰 행사가 있을 때, 학교 행사, 지역 행사에 따라 연주를 하기 위하여 평상시에 연습을 한다.

(사진: 직업훈련원 전통 악기반)

양재는 1년 수업 과정으로 마치게 되며, 수료식과 수료증을 받게 된다.

수료식을 축하해 주시기 위해 각 기관장님들도 함께 참석하셨다.

기관장이 한 사람 한 사람 악수를 나누며 축하하고 모든 수료식이 끝난 다음 다 함께 단체 사진 촬영을 하였다.

수료식을 받은 사람들은 각자 집 앞에서 재봉틀을 준비하여 가게를 하며 옷을 만들 수 있고, 수선도 가능하다.

캄보디아는 결혼식을 할 때 화려하게 옷을 입고, 축하식에 참석하며, 즐겁게 사는 사람들로 파티복을 많이 만든다. 파티복에는 반짝이 구슬 장식이 많이 달려 옷이 화려하다.

전국 기관장 회의

회의 장소는 프놈펜에 있는 호텔에서 8시 30분 시작이라 숙소에서 일찍 출발하였다.

전국에서 오시기 힘들었을 텐데 많은 사람들이 참석한 것을 보니 한국국제협력단과 한국 정부에 대하여 관심이 많은 것 같다.

사무소 교육 내용은 한국국제협력단 봉사 단원들이 전 세계에서 활동하는 내용, 봉사 단원들이 캄보디아에서 활동하는 내용, 봉사 단원이 있는 지역의 대표가 봉사 단원과 함께 지역을 발전하게 된 배경에 대하여 발표하고 현재 활동하고 있는 내용을 발표함으로써 전국에서 오신 기관장들이 듣고, 배우고, 실천하게 함으로 모두가 함께 잘살 수 있는 방법을 전달하는 것이다.

나의 발표는 현재 활동 내용으로 크메어로 발표하는 줄 알고 크메어를 열심히 연습을 하였는데, 짧은 기간 준비로 한국말로 발표하면 크메어로 통역해 주기로 하였다.

크메어로 연습하느라고 나름대로 노력은 하였는데 한국어와 크메어 혼돈은 오지만 계속해 오던 방법이라서 편안하게 발표할 수 있었다. 현재 활동하고 있는 초등학교 보건 교육 활동 사례 발표와 이 나라의 미래는 교육이 중요하고, 아이들은 미래에 중요하므로 교사들이 어떻게 가르쳐야 할지에 대한 중요성에 대하여 강조하였다.

아이들은 교사를 보고 배우게 되어 교사들은 올바르게 행동해야 한다고 설명하였다. 발표 시간은 10분으로 배정되어 편안하게 발표하였다.

이렇게 발표할 수 있는 기회를 준 것에 대하여 감사히 생각한다.

이 발표 내용을 듣고, 내가 생각하고 있는 내용들이 기관장들에게 잘 전달되어 아이들을 위하여 기관장들이 무언가 할 수 있고 항상 지속적으로 발전할 수 있는 캄보디아가 되기를 기대해 본다.

발표를 끝내고 나오니 방송국에서 인터뷰 요청을 하였지만 시간이 없는 관계로 이야기를 나눌 수 없었다.

뒤에 나오는 발표자에게 인터뷰하라고 하고, 나는 다음 봉사 활동 준비를 위하여 서둘러 나와야만 했다.

몬돌끼리 봉사 갈 의약품을 준비해야 하므로 마음은 무척이나 바쁘다.

하나하나에 감사하며….

(사진: 전국에서 참석한 기관장들)

현지 평가

현지 평가는 단원들이 각자 봉사 지역에서 활동한 봉사 내용을 함께 공유하며, 같은 직종의 단원들과 만남을 통하여 대화를 나누고, 각자 지역에서 활동한 정보를 공유하고 현재까지 활동한 내용을 평가하고 보다 나은 봉사 활동을 잘하기 위한 모임이다.

교육이 끝난 다음에는 단원들과 침목 도모를 위한 체육 활동으로 그동안 하지 못한 운동을 할 수 있도록 다양한 프로그램을 만들어 모두가 즐거운 시간이 되었다.

오랜만에 많은 움직임에 마음껏 웃어도 보고, 마음껏 뛰어보고. 젊은이들이 만든 프로그램 아이디어가 대단하다.

생각하지도 못한 다양한 프로그램에 깜짝 놀랄 일이다.

젊은이들과 함께한 이 시간에 감사하며….

(사진: 현지 평가 회의)

신규 단원 교육

내가 캄보디아 29기인데 1년이 지나고 나니 32기 신규 단원이 오게 되었다.

이곳에서 건강하게 2년간 봉사 생활을 잘할 수 있도록, 건강하게 자기 관리를 하며 적응할 수 있도록, 교육하는 날이다.

현지에서 할 수 있는 일과 단원 자신의 관리, 주위에 응급 상황 발생 시 도움이 될 수 있도록 하기 위하여 내용을 다양하게 준비하였다.

1시간 30분 동안 짧은 시간이지만 그래도 그들이 생활하는 데 도움이 되었으면 한다. 궁금한 것도 많을 것이다. 교육이 끝난 후 여러 가지 질문을 받고, 질문을 들어보니 하고자 하는 일에 관심이 무척이나 많다.

질문을 받고 궁금해하는 것을 답변한 후 내일은 주일이라 교회에 가는 분들이 있을 것 같아 프놈펜에 관한 정보 지도 및 가는 방법을 설명하고 천주교에 함께 가실 분은 유숙소에서 만나 11시 미사에 함께하기로 하였다.

미사 후 점심 식사가 제공되었다. 한국으로 생각하면 추석이다.

제대에 제물을 올리고 분향을 하고 돌아가신 아버님도 생각하였다.

식사를 마치고 유아교육단원 세실리아와 함께 이야기를 나누며 메콩강 변 카페에서 차 한잔을 마시고 걸어 오면서 프놈펜 거리에 대하여 설명을 해주며 오다 보니 유숙소에 도착하였다.

거리는 걸어서 1시간 40분 정도 걸렸다. 시간은 걸렸지만 프놈펜 지역을 파악하게 되었을 것이다.

시내는 걷다 보면 이곳 지역을 파악할 수 있었다.

기관 활동 자료

▲ 학교 전체 활동 내용

▲ 지역기관장 회의

▲ 직업훈련원 전통 악기반

▲ 전국에서 참석한 기관장들

▲ 현지 평가 회의

지역사회 활동

|| 지역 주민 쩡짬 ||

집에서 학교까지 걸어가는 시간은 가는 데 40분, 돌아오는 데 40분이 걸린다. 운동하기에 제일 적당한 시간이다.

걸어 다니지 않으려면 오토바이 혹은 자전거를 타고 출퇴근을 해야 한다. 하지만 한국에서는 돈을 내고 헬스장에서 운동하고, 차만 타고 다니지 않았던가?

나는 이제 이곳에서 걸어 다니며 체중 조절 건강 관리를 하기로 하였다.

걸어 다니다 보니 운동을 하기보다는 걸어 다니면서 사람들과 많은 대화를 나누게 된다.

걸어 다니면 사람과 만남도 있고 이야기를 나누면서 함께 걸어간다. 그러면 아주머니가 "쩡짬(기억해 달라는)"을 반복한다.

걸어가면서 만난 아주머니 키가 헌칠하게 크며 웃음을 머금은 연세 많은 아주머니 나에게 쩡짬을 반복하며 걸어가신다.

나에게 무언가 알려주고 싶은 아주머니 어느 날은 집 앞에서 과일을 파시면서 쩡짬을 반복한다. 수박 한 통에 1,500리엘(300원 정도)인 맛있는 것으로 골라주신다. 지금은 조금 더 올라갔겠지만 과일은 정말 저렴하다.

무언가 좋은 것을 주고 싶어 하는 마음이 감사할 뿐이다.

쩡짬을 반복하시는 그 아주머니 한국, 봉사자, 나를 영원히 기억하시지 않을까?

나도 그분에게 무언가 드리고 싶어 목걸이에 돋보기가 달린 것을 드렸다. 작은 글씨가 안 보일 때, 필요시 볼 수 있을 것이다.

아침은 모두들 바쁘게 움직인다.

시장에 물건을 팔러 가시는 분, 사러 가시는 분, 학교 가는 학생들, 다양한 사람을 만나면 걸어간다. 이렇게 만나면서 가는 것도 인연이 아닌가?

이분들의 삶은 나에게 기억되는 아름다움 추억이 될 것이다.

이분들을 영원히 기억하며. 아주머니의 그 웃음 영원히 기억한다.

이곳에 올 수 있도록 나를 이끌어 주신 그분께 감사드리며…

한국어를 배우고 싶어하는 동네 분

학교 걸어가는 길에 항상 만나는 동네 분 아저씨 눈이 크시며, 놀란 것 같은 눈으로 한국어를 무척 배우고 싶어 하신다.

한국에서 일하고 싶어 하시는 분이다.

지나갈 적마다 한국어를 한마디씩 물어보신다. 길에 서서 이야기를 나누며 설명해 드리고 출발한다.

그렇게 열심히 설명하고 나면 학교까지 오토바이로 태워준다고 타라고 하신다. 한번 타고 나면 걷고 싶은 마음이 안 생길 것 같아 감사하다고 한 후 걸어간다.

걸어가는 길에 만나는 아이들에게 사탕, 볼펜, 티셔츠, 노트, 기타 등등 배낭에 넣고 다니면서 나누어 주면 모두들 좋아한다.

작은 것에 기뻐하며 좋아하는 것을 나도 배우게 된다. 건강하고 씩씩하게 자라는 캄보디아 어린이들이 되기를….

방학을 하고 돌아오니 걸어가는 나를 보고 커다란 눈을 껌벅이고 웃으시며 집 안에 들어오라고 하신다.

지금까지 열심히 공부한 한국어를 보여주시며 자랑하신다.

얼마나 열심히 하셨는지 한글 쓰신 것을 보여주시며 "선생님 사랑해요" 하신다.

집 안 타일 벽에는 한국말로 많이도 적어놓으셨다. 눈에 띄는 대로 한국어 공부하시려고 하신 것 같다. 교육은 반복 훈련이니까?

글씨도 예쁘게 쓰셨지만 한국어 실력도 많이 좋아지시고, 발음도 좋으시다. 한국어 배우기 참 쉽다고 하신다.

한국어를 열심히 배우시는 그분에게도 감사합니다.

세종 대왕이 한글을 아주 잘 만드신 것 같다. 감사합니다.

‖ 아침 식사를 권하는 어르신 ‖

아침 식사를 권하는 어르신들은 아침, 점심 학교 가는 시간은 이곳 사람들의 식사 시간이다. 식사를 하고 가라고 한다.

이곳 사람들 식사는 대부분 죽이다. 접시에 죽을 멀겋게 떠놓고 밥을 먹고 가라고 한다. 반찬은 간장 한 가지만 가운데 덩그러니 있다.

이 사람들은 반찬을 한 가지만 해서 밥을 먹는다.

이 집은 반찬이 간장 한 가시다.

반찬을 간장 한 가지로 식사하는 그분들의 미소, 한 그릇 먹고 가라고 하는데 내가 먹으면 먹을 것이 없을 것 같아 감사하다고 하며 계속 고개를 숙이며 걸어가야만 한다.

그래도 식사를 권하는 할머니의 그 웃음의 눈빛은 잊을 수가 없다. 우리는 부족함 없이 가진 것도 많은데, 무표정의 얼굴로 지내는 것 같다. 왜일까?

웃지 않고 지내는 것이 부끄러울 뿐이다. 감사함이 부족해서인가?

아침마다 만나는 동네 주민들에게 자연스럽게 "아론 소스 다이

(아침 인사)"를 하면서 지나가게 된다.

인사도 습관이 되어 한국 가면 만나는 사람들에게 인사를 하면서 지내야지? 그러면 한국 사람들은 어떻게 생각할까?

만날 적마다 인사라도 많이 하며 다니는 습관도 만들어야지….

작은 것을 나누며 웃음을 보여주는 이분들에게 감사합니다.

‖ 지식인 어르신 ‖

지식인 어르신은 모자를 벗으시면서 "두 유 스피킹 마당(Do you speaking france)" 하며 질문을 던지신다.

"저는 한국 사람이에요. 지금 캄보디아 크메어를 배우는 중이에요"

하고 말하니 "아 엠 소리(I am sorry)"를 하신다.

외국인에게 무언가 말을 하고 싶어 하시는 어르신이다.

간호사인 봉사자가 학교에 봉사 온 것을 알고 궁금한 것을 물어보고 싶어 하신다. 도로 안쪽 동네에 사시는 분들은 내가 출근할 때 길가에 나오셔서 기다리고 계시다가 의료 관련 궁금한 것을 질문하신다. 팔꿈치 관절 수술한 뒤 생긴 흉터를 보여주며 팔꿈치가 구부러지지 않는다고 하신다.

"2년 전에 사고로 수술을 했어요? 지금 구부러지지 않네요? 지금은 구부리기 힘들지만 그래도 운동을 열심히 하면 조금 구부러질 수 있어요"

하면서 한 손은 큰 나무를 잡고 운동하는 방법을 가르쳐 드린다. 작은 것이지만 그래도 희망을 갖고 노력하면 좋아지지 않을까?

정형외과 근무를 오래 한 덕분에 재활 운동에 관심이 많다.

조금만 신경 써서 운동시키면 그래도 좋아지지 않을까?

노력은 해보아야지! 한번 포기하면 쉽게 자꾸 포기하게 된다.

다음 날도 학교서 끝나고 집으로 돌아가고 있는데 도로의 나무를 잡고 운동을 하고 계시며 자신이 이렇게 운동하고 있다고 보여주시면서 팔꿈치를 구부리려고 애쓰신다.

지금도 길에서 만나면 꼭 모자를 벗으시며, 팔꿈치를 구부려 보이시며, "티쳐 고잉 스쿨(Teacher going school)"을 하신다.

낡은 오토바이 타고 달리면서 열심히 살아가는 이분들에게 무언기 주고 싶은 마음이 생긴다. 이 어르신은 자신이 하는 모든 일에 열심히 하시는 것 같다.

학교 옆에 교회가 생겨 성전 축하식을 할 때 아이들과 함께 양손을 잡고 흔들며 노래를 하는 모습은 천진난만한 순수한 아이의 모습이었다. 천진난만한 어르신 감사합니다.

|| 어르신 웃음은 천사이십니다 ||

시장을 가려면 지나쳐 가야 하는 동네 가게 쉽게 말하면 슈퍼마

켓이다.

도로 모퉁이에서 장사를 하시는데 항상 밖에 나와 앉아 계시며 지나가는 이들에게 웃음을 보내신다.

가게는 없는 물건 없이 필요한 물건은 모두 있다.

생활필수품 과자에서 마늘, 기름, 마른반찬, 젓갈, 우비, 모자, 장갑, 오토바이, 기름 모두가 필요한 물품은 모두 있다.

그 옆에 휠체어도 아니면서 바퀴 달린 손수레에 플라스틱 의자를 올려놓고 앉아 계시는 어르신 몸체는 크시면서 내려놓으신 발은 통통 부어 있다.

이 어르신은 항상 말씀은 하지 않으시지만 미소 짓고 계신다.

어르신은 고혈압으로 쓰러지신 후 못 걸어 다니시며 방에만 누워 계셨다고 하신다.

움직이지 못하고 방에만 누워 계시기만 하셨는데 어느 날 한 번씩 밖에 나오시기 시작하여 지금은 밖에 나오셔서 지나가는 지역 주민들에게 미소를 보내신다. 움직이지 못하면 아무것도 할 일이 없다고 생각하지만 그것은 생각이고, 조그마한 많은 것을 할 수가 있다.

너무 뜨거운 날씨에 웃는 근육을 움직이고 싶어 하지 않는다.

더운 지방에서 웃음의 미소를 보내는 것은 사람들에게 큰 활력소를 불어넣어 주는 것이다. 이분도 다른 사람에게 무언가 해드릴 수 있는 것 '미소'다.

나는 바쁘다는 이유로 옆도 보지 못하고 이렇게 달려온 나에게 작은 것으로부터 감사할 줄 알게 하며 많은 것을 가슴으로 느끼게 만든다.

나는 이분의 미소를 받으며, 시장을 즐겁게 다녀온다.

시장에 다녀오며 무거운 짐을 내려놓고 이야기를 나누며 조금이라도 도움을 드릴 것이 없는지 찾아본다.

발에 힘이 없으면 일어설 수가 없다.

손에 힘이 있어야 설 수 있다고 설명하며 벽에 도르래를 달아 운동해야 한다고 설명한다.

많은 이야기를 설명하면 무언가 필요한 것 한 가지라도 하지 않을까?

손 운동을 할 수 있도록 지압봉을 손에 쥐어드리며, "심심하면 잡았다 폈다 하세요" 하였다.

그리고 일어서지 못하더라도 일어서는 시늉이라도 하시면 팔에 힘이 생겨 일어설 수 있다고 하였다.

다리를 내리고 있으면 부기가 심해서 앉아 계실 때 다리를 올리고 있는 방법도 가르쳐 드렸다.

딸들이 아버지 다리를 주물러드리며 발도 닦아드리곤 한다.

딸들이 효녀이다. 아버님에게 그렇게 잘해드릴 수가 없다.

항상 지나가다 보면 아버지 발을 닦아드리고 발 마사지도 해드린다.

긴병에 효자 없다고 하는데 웃으면서 발 마사지를 해드린다.

나는 이분들의 삶의 모습에서 나를 돌아보며 생각해 본다.

이 집은 내가 쉴 수 있는 편안한 곳이다.

프놈펜과 학교를 다녀오다 더우면 아이스박스에 넣어둔 시원한 코코넛을 주신다.

돈을 드리면 받지 않는다고 하신다.

코코넛 마시며 편안하게 쉬면서 이야기를 나눈다.

어느 날 딸이 득녀를 하여 딸 가족이 이곳에 함께 지낸다.

미소 짓는 어르신 혼자 계셨는데, 이제는 그 딸의 아기를 바라보며 미소 짓는다. 이제 외손녀의 재롱을 보시며 미소를 짓는 그 어르신 행복한 나날 되세요.

시장 사람들

이곳 시장은 새벽 일찍부터 시작된다.

동이 터오면 오토바이 소리가 요란하다. 시장에서 장사할 곳 좋은 자리를 맡아야 하므로 요란하게 오토바이가 달린다.

그 소리에 맞추어 개 짖는 소리, 닭 우는 소리, 시끄럽다기보다는 사람이 살아간다는 생동감의 소리가 넘친다.

시간에 맞추어 일어나야 하는 시계가 필요 없다.

시계가 울리지 않아도 아침 일찍 일어날 수 있으니 말이다.

내가 장 보는 날은 토요일 아니면, 일요일 아침, 일찍 일어나 시장에 장도 볼 겸, 구경도 할 겸, 바나나 찹쌀가루에 묻힌 튀김, 코코넛 가루로 만든 떡, 다양한 먹을거리가 많이 나와 있다.

많은 사람들이 바삐 움직이며 물건을 판다고 야단들이다.

시장 이곳저곳을 구경하며 필요한 것 쌀, 과일, 야채도 산다.

(사진: 시장 전경)

쌀은 1kg에 2,000리엘. 사러 갈 때마다 가격을 올린다.

외국인에게 좋은 쌀을 주려고 하시는 것 아닌가?

쌀은 밥을 하면 따뜻할 땐 맛있으나 밥이 식으면 날아갈 것 같으며, 딱딱해진다. 그래서인지 이분들은 죽을 많이 드신다.

시장 구경 재미가 있다. 건강한 돼지 새끼 한 마리 50$ 바구니에 새끼들이 몇 마리씩 들어 있다.

팔기 위하여 돼지가 건강하다는 것을 보여주기 위하여 돼지를 거꾸로 들고 보여주며 흔든다.

(사진: 시장의 돼지들)

오리, 닭은 다리를 묶어놓아 기가 죽어 울지도 못하고 멍하니 울음소리 한번 못 내고 조용하다.

어느 분은 닭이 쫄까 봐 시장을 못 간다고 하신다.

물건을 사고 돌아오는 길에 식당 꾸이띠우(쌀국수)집에 들러 아침으로 먹고 돌아온다. 꾸이띠우 한 그릇에 2,000리엘(500원 정도), 시원한 냉커피 1,000리엘(250원 정도)이다. 이곳의 찬 것에 대하여 부담스럽기 때문에 따뜻한 것만 먹었다. 냉커피를 좋아하지 않는 것만도 다행이다. 그때는 가격이 저렴했지만 지금은 물가 상승이 있으니 올랐을 것 같기도 하다.

시장에 가면 많은 구경도 하지만, 또 우리 학교 학생들, 학교 선생님들이 물건을 판다. 집에서 난 오리알, 달걀, 파파야 몇 개 선생님한테 물건을 사면 마음이 편하다. 현지인들과 똑같은 금액을 받는다. 다른 상인들은 외국인에게 가격을 조금 더 받으려고 한다.

몇 푼 안 되지만 가격을 더 받으면 마음이 불편하다.

이곳 사람들은 닭을 먹으려면 닭이 너무 말라 살이 없어서인지 사다가 집에 가두어 두고 먹이를 준 후 며칠 있으면 닭을 잡아먹는다.

우리 옆집은 닭을 사다가 조그만 나무집에 넣어두면 닭은 온종일 울어댄다. 몇 날 며칠 밤이고 낮이고 울다가 조용해지면 잡아먹은 거다. 우리 옆집 한 달에 몇 번은 닭을 잡는다.

그래서 닭 우는 소리와 함께해야 한다.

닭은 새벽에만 우는 줄 알았는데 갇혀 있기 때문에 밤낮으로 울어댄다. 반복되는 닭의 울음소리로 나날을 보내며 2년의 생활을 보냈다.

살아 있는 생명에 대하여 무언가 느낌을 안다고 생각하니 마음대로 대할 수가 없다.

시장은 붉은 흙길의 시장이었지만 2년을 마치고 돌아갈 무렵에는 시멘트 공사가 한창이었다.

시장 바닥을 시멘트로 모두 깔아버리는 것을 보고 왔으니 지금은 깨끗하게 정리되어 장사하시는 분들도 기분이 좋을 것이다.

슈어스다이 츠남 트마이

슈어스다이 츠남 트마이는 한국식으로 말하면 신정, 설이다.

설에는 집에 있기보다 프놈펜에 가서 동료 단원들도 만나고, 각자 지역에서 봉사 활동 한 이야기도 나누며 지내려고 프놈펜에 모이게 된다. 설 명절에는 교통비부터 모든 물가 가격이 올라간다.

깜퐁뜨라이에서 프놈펜에 가려면 버스가 없을 때는 이곳에서 말하는 란돌이(봉고 차)를 타고 올라가야 한다. 차비는 외국인은 다르다.

버스비를 흥정해야 하며 정해진 인원이 차야만 출발한다.

차비부터 외국인이라고 많이 부르는 것이 공연히 화가 난다.

그러나 그분들은 조금이라도 더 벌기 위한 것인데….

나는 왜! 화나는 것일까?

반값에 흥정하고 출발하였지만 마음으로는 내가 이곳에 온 것은 나누려고 온 것인데 왜 작은 일에 화나 있을까?

프놈펜에 가는 동안 나의 옆에는 캄보디아 대학생이 앉았다.

외국인에게 너무 차비를 많이 받는다고 나에게 이야기해 준다.

프놈펜 가는 동안 나에게 많은 이야기를 나누며 캄보디아 대학 체제 궁금한 것도 물어보고 이 나라 학생들 학교생활에 대한 이야기도 듣고 가다 보니 어느새 프놈펜에 도착하게 되었다.

이야기 나누다 보니 프놈펜까지 지루하지 않았다.

다음은 시간이 걸려도 버스를 타고 가야지! 마음 결정!

시장에서 항상 손을 내밀며 미소 짓는 어르신

한 손과 한 발만 가지고 있지만 손을 내밀면서 무언가 주기를 바라신다.

그분의 달라고 내미는 손을 바라보면서 나도 모르게 한 손이 있게 해주셔서 감사합니다.

저분이 한 손을 내밀어 얻을 수 있으니 말이에요.

손에 500리엘을 넣어드리며 저분에게 드릴 수 있어 감사합니다.

시장에 앉아서 손 내미시는 분, 손 내미는 꼬마 아이, 시장 갈 때는 드릴 돈을 준비해 가지고 가서, 걷지도 못하는 분, 달라시는 분에게 그냥 넣어드린다.

이 나라는 장애인 복지시설이 되어 있지 않다. 아직까지 많은 장애인에게까지 시설을 해서 도와드리기에는 너무 벅차다.

우선은 일반인도 먹고사는 것이 더 중요하기 때문이다.

우리나라도 과거에는 그랬으니까?

어린 시절 밥 달라고 깡통을 들고 오시는 분, 지금은 김장도 안 하고 사 먹지만 옛날에는 김장을 200포기씩 하며, 그것도 모자랄까?

깻잎 무쳐놓기, 무말랭이도 말려서 양념해 두면 김치를 다 먹으면 반찬으로 이것저것 먹었다.

우리 어머니는 반찬을 달라고 오시는 분, 밥 달라고 오시는 분들에게 이것저것 챙겨주시려고 항상 준비를 많이 하셨다.

먹을 것이 없고, 집을 잃어버리는 아이가 있으면 그 아이가 집을 찾을 때까지 우리 집에서 함께 지내야 했다.

  따뜻한 나라 과일이 많아 부지런만 하면 따 먹을 수 있지만 이분들은 무엇을 먹으며 살아갈까? 생각하면서….

  남에게 받기보다 가진 것을 나누어 줄 수 있음에 감사드리며….

  적은 돈에 밝은 표정을 보면서 나 자신을 다시 한번 생각해 보게 된다.

  이분들에게 드리고 난 후 오만하기보다는 겸손하게 해주시기를….

쓰레기장

  쓰레기장은 없고 쓰레기 버리는 장소는 많다.

  아무 데나 그냥 던지면 되니까! 길에 그냥 버린다.

  모든 음식(커피, 죽, 국수, 볶음면)은 비닐 봉투에 담아 먹은 후에는 바닥에 버려 비닐이 바람이 불면 나무에도 걸리고, 길에도 날리고, 거리의 쓰레기가 한곳에 모이면 쓰레기 더미가 된다.

  비닐 봉투 사용은 편리하지만 환경 한번 생각해야 하지 않을까?

  시장에서 과일을 사가지고 오면 일주일 먹을 것을 정리하여 냉장고에 넣어둔다. 물건을 살 때도 최대한 쓰레기가 나오지 않는 것으로 구매한다. 시장에서 돌아오며 비닐 봉투를 말려 다시 접어 시장에 갖다드려 재활용하도록 한다.

시장에 갈 때 비닐을 최대한 줄이기 위하여 항상 천 가방을 갖고 다닌다. 내가 하는 모든 행동이 이 사람들도 보고 배울 수 있도록 하기 위함이다.

모든 물품은 사용하고 버리면 쓰레기고, 잘 사용하면 자원이 된다고 하지 않았던가.

집 주위에 쓰레기장이 없는 관계로 쓰레기를 버리려면 집 뒤에 소 묶어두는 곳, 돼지 묶어두는 곳, 풀밭을 지나 소똥을 피해 가며 걸어가 음식물 젖은 쓰레기를 모두 그냥 바닥에 버려야 한다.

그리고 주위에 있는 비닐, 쓰레기를 모아 태운다.

집 주위에 청소를 하며, 쓰레기를 태우고 있으면 이웃집 아주머니도 함께 쓰레기를 모아 태운다.

그러나 비가 한번 오면 이 모든 쓰레기는 싹 쓸어 어디론가 흘러가 버려 깨끗하게 된다.

NGO 단체에서 식수 펌프를 만들어 주었지만 펌프물은 빨래하는 데 사용하고. 우기에는 빗물을 받아 식수로 사용하며, 빗물을 받기 위한 큰 항아리가 많은 집을 부자라고 생각한다.

|| 빵을 파는 아주머니 ||

더운 날씨에 힘겹게 지게를 지고 한쪽 끝에는 화로 숯불, 한쪽 끝에는 바게트빵 및 고기 말린 것, 빵 속에 넣을 것(파파야, 망고, 오

이, 당근을 새콤달콤하게 만든 것)을 어깨에 메고 다니시는 연세가 드신 분이 계신다. 어느 날, 그 빵이 다 팔려 그냥 메고 가실 때는 내가 기분이 좋아진다. 어느 때는 다 팔리지 않아 남은 것을 메고 갈 때는 무겁게 메고 가시는 모습이 나의 마음을 무겁게 한다.

그럴 때는 아주머니를 불러 빵을 사서 아이들에게도 나누어 주고 나도 먹는다. 이곳 빵은 정말 맛있다.

프랑스 사람들이 이곳 사람들에게 빵 굽는 기술을 잘 가르친 것 같다.

빵은 통나무를 양쪽에 넣고 가운데 열로 굽는 데도 있다.

굽는 방법은 다양한데, 마른 빵을 살짝 화롯불에 구우면 정말 맛있는 부드러운 빵이 된다.

더운 날씨에 작은 체구에 무거운 빵을 팔러 다니시는 아주머니 힘든 뒤에는 좋은 일이 매일 있을 거예요. 열심히 사세요.

‖ 기쁨을 준 미래의 청년들 ‖

어느 날은 점심을 빵과 계란을 싸가지고 가서 점심을 먹으려고 하는데 아이들이 무얼 먹는지 궁금한지 창문에 매달려 기웃거린다.

집에서 점심 먹고 오라면 집에 가지 않고 머뭇거린다. 먹을 것이 없어서인지 몰라 함께 빵과 계란을 맛있게 나누어 먹었다.

먹을 때 나눔의 기쁨은 즐거웠다.

그러나 나눔은 나의 배고픔이다.

집에 돌아오는 길에 하늘은 맑고 양옆에 늘어진 야자수 잎은 걸어가는 나를 시원하게 해주며 잠자리는 끝없이 내 주위를 맴돌지만 배가 고파서 앞이 안 보일 정도이다.

정말 무언가 먹고 싶지만 걸어가는 길에는 먹을 것이 없다.

이곳은 아침에만 길에서 꾸이띠우(국수)를 팔고 다 팔면 집으로 모두 돌아간다. 날씨가 너무 뜨겁기 때문에 11시에서 2시까지는 사람이 안 다닌다. 물도 학교에서 먹다 남은 조금일 뿐 다 마셔 없었다.

배고픔이 이런 것인가. 아무 생각이 없다.

정신없이 허둥지둥 걸어가고 있는데….

길 한쪽에 코코넛이 산더미같이 쌓여 있다.

동네 안쪽에서 코코넛을 길 도로변에 놓고 가면, 트럭이 걷어가는 날인 것 같다.

정말 먹고 싶었다. 사람이 없으니 그림의 떡이었다.

한참 걸어가다 보니 트럭 한 대가 서 있으면서 코코넛을 차에 싣고 있었다. 멍하니 서서 바라보고 있는데 한 청년이 코코넛을 자르고 있었다. 나를 주기 위한 것이었다….

"드세요" 하며 주시는데 얼떨결에 받아 단숨에 마셔버렸다.

세상에 이렇게 맛있고 감사할 일이….

이 길에서 마신 코코넛! 코코넛을 나에게 준 그 청년들….

잊지 않고 기억하고 싶다.

"얼마 드리면 되나요" 펄쩍! "아니에요"

"그냥 드리고 싶어서 드렸어요"

"우리나라에 와서 좋은 일 하시는데…" 하신다.
내가 하는 모든 일들을 이분들이 기억해 주심에 감사드리며….
5,000리엘을 드리면서 냉커피 사 드시라고 하였다.
아니라고 하지만 정말로 감사하기 때문에 드리고 싶다.
손을 흔들면서….

(사진: 코코넛 청년들)

한국의 시골 보건진료소에 근무할 때 동네 가정 방문하러 걸어가면 아주머니들이 우물에서 물을 주시면 시원한 물이 꿀맛이었다.
　나도 그 시절 갈증을 느껴보아 여름에는 시원한 냉커피를 진하게 타놓고 그곳을 방문하는 우체부, 멀리서 오신 분들에게 냉커피를 대접한다.
　팀스프리트 훈련 때(한미 군사 합동훈련) 냉커피, 박카스도 시원하게 준비해 놓고 땀 흘려 힘들어하는 장병들에게 드렸다.
　땀 흘릴 때 물 한 컵을 받아 마시면 시원한 맛은 꿀맛이다.
　물 한 모금에 이렇게 많은 생각을 하며 감사할 수 있는 것 나는 오늘도 많은 것에 감사하며 감사하는 방법을 배운다.

‖ 주인집 아주머니와 손녀딸 ‖

　서로 인사만 나눌 정도지만 아침에 일어나 마당을 쓸게 되면 우리 집 마당까지 쓸어주신다.

가끔씩 특별한 음식을 만들었을 때 맛난 음식도 갖다주신다.

먹을 수 있는 음식을 다양하게 만들어도 주시고, 쌀, 파파야도 주신다.

어느 날은 동네잔치 하는 데 물을 많이 쓰셨는지 수도세를 받지 않겠다고 하신다.

참으로 편안하고 즐겁게 지냈지만, 주인집 손녀딸 대단하다.

첫날은 아기가 심하게 울어 할머니가 아기를 업고 집에서 나와 동네를 돌고 있었다. 처음에는 아이가 울어 아파서 우는 줄 알고 밖에 나가보았다. 할머니가 괜찮다고 하신다.

매일 밤마다 아기가 울어 낮에 아이를 돌봐주는 아이에게 물어보니 모른다고 한다. 낮에는 방긋방긋 웃지만 밤만 되면 우는 아이 여동생이 태어났는데도 똑같다. 두 아이가 거의 매일 밤 울었다. 배가 고파서 운다고 하는데 아이는 밥을 잘 먹지 않았다.

자기 전에 목욕을 시켜보라고도 하였다. 마찬가지로 울어대는 소리를 들으며 그곳에서 지내야 했다.

아이의 눈이 초롱초롱하며 예쁘게 생겼다.

그네에 매달려 있던 아이가 커서 내가 돌아올 때는 아는 척을 하며 나를 부른다. 제대로 숙면을 하지 못하고 지냈지만, 아이가 밤에 잘 자고, 지낼 수 있도록 하며 아기가 둘이나 있어 필요시 사용할 수 있도록 내가 사용하던 응급처치 세트를 주고 돌아왔다.

(사진: 응급처치 세트)

무표정 청년 골절 환자

학교 출근길 길갓집에 나무로 만든 평상에 누워 있는 청년은 아무 생각 없이 무표정한 얼굴로 누운 상태에서 하늘만 쳐다보고 있다. 오토바이를 타고 가다 사고로 대퇴 골절로 소독제만 바르고 봉합한 상처를 열어놓은 상태로 누워 있었다.

수술을 하고 집에 돌아온 지 3주 정도 되었다고 하신다.

어머니께서는 아들을 보며 치료비로 돈이 많이 들어갔다고 하면서 이곳에서 치료가 불가능해 다른 곳에 가서 수술을 받고 집에 온 지 얼마 안 되었다고 하신다.

어머니께서는 잔뜩 화가 난 표정을 지으며 지금까지 사고 난 과정을 설명하시며 다친 것에 대하여 잘 나아지길 바라기보다 아직도 화가 안 풀려 많은 말씀을 하신다.

화가 나서 말씀하시는 것은 이해가 간다.

아들은 아무 말도 못 하고 미안해서 가만히 듣고만 있다.

아들이 오토바이를 신나게 타고 달리다 나무를 박아 대퇴 골절이 된 상태로 걸을 수가 없다.

"머리 안 다친 것 다행이네요.

머리 다쳤으면 아무것도 할 수 없어요"

현재 집에서 그냥 보내고 지내시지만 근력 강화 운동을 가르쳐 주며 좋아질 거라고 희망을 주었다.

아침에 학교 출퇴근하면서 대퇴 근육 근력 강화를 위해 6주 동안 열심히 대퇴 근력 강화 운동을 가르쳐 드렸다.

　다리를 쭉 펴고 6초 동안 힘주고 펴고를 반복하게 하였다.

　나중에 근력 강화 운동을 하여야 또 걸을 수도 있다고 하며, 근력 운동을 하지 않으면 근육에 힘이 없어 걷기 힘들다고 설명하였다.

　하루에 셀 수 없을 정도로 운동 많이 하세요.

　무표정한 얼굴로, 소리 없는 미소로 웃으신다.

　아침에 학교 갈 때, 학교에서 돌아올 때, 한 번씩 근육 힘주는 방법을 가르쳐 드리고 지팡이를 잡고 서 있는 연습을 해보았다.

　지나가다 보면 혼자서도 열심히 운동을 하신다.

　목발이 없는 관계로 지팡이로 쇠 파이프를 잡고 다니고 계셨다.

　쇠 파이프 막대기가 너무 무거운데도 무거운 줄 모르고 짚고 다닌다. 짚고 다니기에 무거워 걷기 힘드실 것 같아 목발 모양을 그려주고 나무 막대기로 지팡이를 만들어 짚고 다니시게 하였다.

　지팡이를 잡지만 처음에는 발이 땅에 닿지 않게 걸으시고, 그다음 지팡이를 잡고 발을 땅에 닿게 하고 걷는 방법 등 단계적으로 걷는 방법을 가르쳐 드렸다.

　혼자 지팡이를 잡고 절룩거리며 걸으면서 동네를 돌아다니신다.

　어쩌다 한번 만나면 무표정한 얼굴에 미소를 지으며 걸어가신다.

　그래도 저렇게 걸을 수 있게 해주심에 감사를 드린다.

　이제는 가족 모두가 웃으며, 앉아서 놀다 가라고 하신다.

　이 집에 웃음의 평화가 함께하시길….

아기 피부병

이름 썸 ○○은 10개월 된 아이로 3개월 동안 손발이 벗겨졌으며 몸에 열이 있다고 하였다.

학교에 간호 봉사 단원이 있다고 동네 마을에 소문이 난 것 같다.

그래도 궁금한 것을 알아보기 위하여 부모님이 오토바이를 타고 먼 곳에서 데려온 아이다. 나에게 아기를 보여주며 말을 못 하신다.

아이가 잘 나아졌으면 하는 바람이 간절한 눈으로 바라보신다.

손발이라 수족구병 혹은 면역력 저하, 영양부족 나 혼자 이것저것 내가 아는 질병을 생각해 본다.

이곳 사람들은 돈이 없기 때문에 병원 혹은 보건소를 갈 수가 없다.

아이의 벗겨진 부위를 사진으로 찍어두고 좋아지지 않으면 한국으로 문의하려고 하였다.

바르는 연고를 하나 주고 피부를 깨끗하게 해서 발라주며, 아이에게 비타민 C를 충분하게 흡수하게 하려고 영양식 미음도 만들어 먹이고 과일도 즙을 내어 먹이라고 하였다.

그리고 내일 다시 오라고 하였더니 집이 멀다고 하신다.

논둑 길로만 7km라고 하시며 오기 어렵다고 하신다.

바르는 연고가 좋아지면 더 드리려고 하였다.

다음 날 아기 피부가 좋아지게 하려는 간절한 마음에 아이를 오토바이에 태워 데리고 오셨다. 아기는 몰라보게 피부가 좋아졌다.

그래서 연고를 더 드리고 상처를 깨끗하게 하며, 먹을 것을 잘 만들어 주라고 하였다.

   추후 교장 선생님에게 물어보니 아이는 피부도 좋아지고 잘 먹는다고 한다. 아기가 잘 나아져서 고맙고 감사할 뿐이다.

   (사진: 아기 피부병)

‖ 코코넛 가져온 아주머니 ‖

   코코넛을 가져온 아주머니는 우리 학교 학생 어머니이시다.
   아주머니는 양측 다리에 피부병이 심하시며 가렵고, 상처가 드문드문 있으며 피부병이 생긴 지 3년 정도 되었다고 한다.
   그런데 가려움을 어떻게 견디어 지내셨는지 모르겠다. 그래도 혹시나 하여 찾아오신 것 같다. 마른 체격에 옷차림을 보니 힘들게 사신 것 같은 생각이 든다.
   학교 앞에 보건소가 있는 관계로 많은 약을 사용할 수는 없고, 혈압체크, 상처치료, 구충제, 피부약 주는 것 정도밖에 할 수가 없다.
   다리에 피부가 검게 되어 있으며, 가렵다고 하여 바르는 연고를 드리고 내일 다시 오시라고 하였다.
   피부가 좋아지는지 확인하고 다시 약을 주기 위함이다.
   아주머니를 학교 가는 길에 만났는데 피부가 많이 좋아지셨다며 피부를 보여주신다.

다시 학교에 오셔서 연고를 받아 가시라고 하였다.

아주머니는 약을 바르면서 많이 좋아지셨다고 하신다.

감사할 뿐이다.

어느 날 아주머니는 감사하다고 그 무거운 코코넛 4개를 자전거에 싣고 오셨다. 가지고 온 코코넛을 과도를 빌려 구멍을 내어 마실 수 있게 해주셨다.

지금까지 먹어본 코코넛 중에 제일 맛있는 코코넛이다. 감사의 표시로 해드릴 것이 없어 아주머니와 아들 함께 사진을 찍어드렸다.

아주머니와 아들의 추억을 만들어 드리기 위하여.

나중에 사진첩을 만들어 집에 걸어놓으시라고 드리니 고맙다고 인사하며 너무 미안해하신다.

"아니에요, 피부가 잘 나아진 것, 아니 제가 감사합니다"

이분들에게도 행복한 나날이 되시길….

(사진: 피부병 코코넛 아주머니)

건강카드와 유인물

쏙써바이에서 지역 주민 의료 봉사 왔을 때 건강 체크로 혈압 높은 사람과 혈당 높은 사람이 많았다.

그렇지만 한 번 체크한 것으로 높다고 할 수 없어 학교를 방문하여 혈당은 체크할 수 없고 혈압은 자주 체크하게 하였다.

만성질환을 투약만 하고 치료하기보다는 질병에 대하여 미리 알고 사전에 예방할 수 있도록 하기 위하여 쏙써바이 봉사 때 만든 고혈압 당뇨에 대한 유인물과 건강카드 혈압, 혈당 기록 카드를 만들어 주었다.

(사진: 지역주민 건강카드, 지역주민 건강카드 앞)

추후 자신에 대한 혈압과 당뇨가 높다는 것을 알고 있으며 그리고 어딘가에서 의료 봉사를 나오면 혈압, 당뇨가 있음을 알게 하기 위함이다. 건강 검진 관련 유인물을 아이들에게 나누어 주어 아이들도 건강에 관심을 갖도록 하며, 학부형도 건강에 관심을 갖도록 하였다.

지역사회에 있는 모든 주민이 건강에 관심을 갖고 자신들의 건강을 스스로 자기 관리 할 수 있도록 하기 위함이다.

(사진: 건강 유인물)

교회 성전식

내가 봉사 기간을 마치고 돌아올 무렵에 우리 학교 옆에 한국에서 후원해 지어지는 교회가 생겼다.

우리 교장 선생님이 학교에 출근하니 학교 옆 교회가 오늘 성전식을 한다고 하시며 함께 가자고 하신다.

교회는 서울의 한 교회에서 지어준 교회로 목사님은 프놈펜에서 교육을 받고 오신 이곳 지역의 여자분이시다.

자기 땅을 교회에 내어주셨다고 하신다.

오늘은 이 지역에 처음으로 한국인이 많이 모인 날이다.

한국의 청년들이 성전 축하 행사에 사용할 큰북과 여러 가지 물건들을 나르며 모두들 바쁘다.

우리 학교 아이들은 학교에 많이 오지 않았다.

이곳도 장소가 어디인지 간에 관련이 있든 없든 지역에 행사가 있으면 그곳에 많이 모인다.

학생들은 학교에 오지 않고 그곳 교회 성전식에 참여하려고 많이 모여 있었다.

이 교회를 지원해 주신 분은 한국인으로 미국에서 생활하신다고 하시며 개발도상국 교회 짓는 많은 곳에 후원을 하신다고 하신다.

오늘의 성전식 행사는 한국의 문화 여러 가지를 보여주기 위해 준비해 온 장구, 부채춤, 태권도 기타 등등으로 이어졌다.

그다음에는 캄보디아 문화로 노래, 춤 등을 보여주며 함께하는 행사를 다양하게 준비하였으며 모두가 즐거운 시간이 되었다.

행사가 끝난 다음 함께 식사를 나누고 선물로 한국 타올을 주셨다.

우리 교장 선생님 한국 정말 대단하다고 하시며 칭찬을 해주신다.

교장 선생님에게 항상 자긍심을 가질 수 있도록 캄보디아도 우리나라 땅보다 넓으며 후에 잘사는 나라가 될 거라고 희망을 심어주었다.

(사진: 교회 전경)

• 지역사회 활동 자료 •

▲ 시장 전경

▲ 시장의 돼지들

▲ 코코넛 청년들

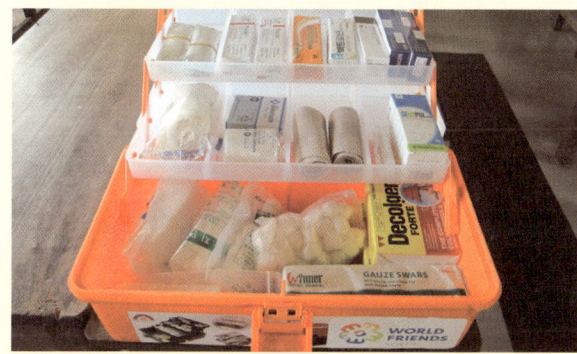

▲ 응급처치 세트

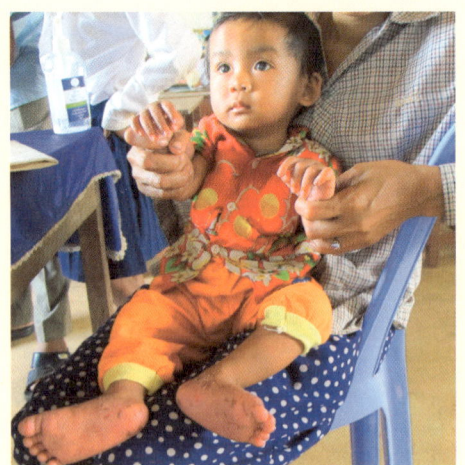

▲ 아기 피부병

▲ 피부병 코코넛 아주머니

▲ 지역주민 건강카드

▲ 지역주민 건강카드 앞

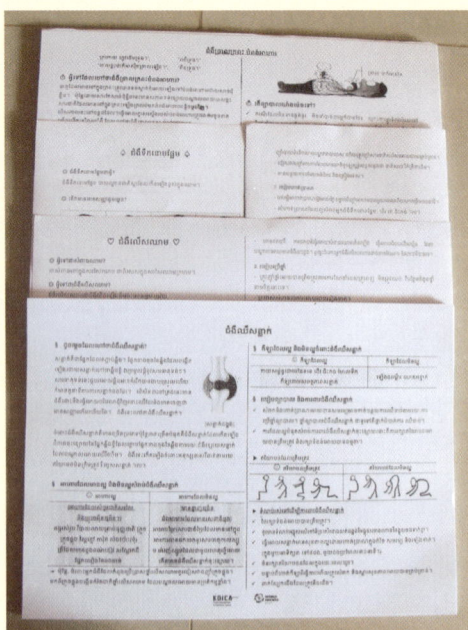

▲ 건강 유인물

▲ 교회 전경

III

나누는 삶

캄보디아어 "쏙써바이"는 우리말로 행복, 기쁨을 뜻합니다.

▲ 쏙써바이 단체 사진

"나눔이란 무한대입니다"

나눔이란 있어서 반으로 나누는 것이 아니라 나누는 것은 무한대입니다. 가진 것을 나누기보다 없어도 나눌 것이 너무 많습니다.

간호사로서 머릿속에 가지고 있는 지식은 보건 교육을 통해 나누고, 기술은 쏙써바이 봉사, 한국에서 오시는 단체 봉사를 통해서 나누었습니다. 캄보디아에서 배운 언어는 한국에서 봉사 오는 단체들과 약국에서 투약 설명을 하며 나누었습니다.

나눔이란 물질뿐만 아니라 작은 재능을 통하여 많은 나눔을 할 수 있습니다. 나누고 봉사하였다기보다는 각자 가지고 있는 재능은 다르지만 쏙써바이 봉사 활동에서 열심히 하는 다른 답원들을 보며 많은 것을 배웠습니다.

쏙써바이 봉사 활동을 통해 각자 자신의 위치에서 얼마나 열심히 하는지 알 수 있으며, 다른 단원들과 함께하는 활동을 통하여 더 많이 배웠습니다.

또한 한국에서 오시는 단체 봉사팀, 모든 비용을 개인 부담하시며 오시는 분들 정말 대단하십니다.

이분들과 함께하면서 나누고 봉사하였다기보다 더 많은 것을 얻고 배웠습니다.

저와 함께한 쏙써바이 봉사팀, 한국에서 오신 봉사팀들 정말 감사합니다. 하시고자 하는 모든 일에 축복이 있을 겁니다.

감사합니다.

"봉사란 가지고 있는 모든 것을
사회에 환원하는 것이다"

쏙써바이 봉사 활동

|| 봉사 활동 쏙써바이! ||

쏙써바이는 캄보디아 말로 "행복하세요"라는 말이다.

쏙써바이는 캄보디아에 있는 코이카 단원들의 봉사 활동 모임으로 선배 단원들이 만들어 놓은 만든 봉사 단체이다.

봉사 단체를 운영할 수 있도록 적극적으로 후원해 주시는 사무소, 월 1회 단원들이 회비를 걷어 필요한 물품을 준비, 구매하여 봉사 활동을 하며, 약품, 학교 페인트칠, 벽화 그리기, 미술 활동, 체육 활동, 이발 봉사, 한국 음식 만들어 주기, 영정 사진 만들어 주기, 종이접기, 동네 방역, 기타 등등 그곳에 필요로 하는 것을 해결해 준다.

이 봉사 활동을 통하여 각자 단원들이 가지고 있는 재능 기부를 통하여 지역 주민이 필요로 하는 것을 해결할 수도 있고, 배울 수도 있고, 단원들과 함께하는 시간도 만들고, 지역 주민들에게 봉사 활동을 통하여 한국도 알리게 되고, 기타 많은 것을 배울 수 있어 나에게 쏙써바이는 좋은 기억으로 남는다.

항상 쏙써바이 활동에 적극적으로 참여하고 쏙써바이를 이끌어 주신, 회장과 임원들에게 감사를 전하고 싶다.

단원들의 현지 봉사 활동도 중요하지만 쏙써바이를 통하여 많은 것을 배우고 단원들이 함께하는 아름다움도 배우게 된다.

젊은이들의 지혜는 상상도 못 할 만큼의 많은 아이디어를 가지고 있다.

미래는 젊은이들의 이런 모습에서 희망적이라고 생각합니다.

아래 내용은 쏙써바이를 통하여 혹은 한국에서 오신 봉사자들과 함께한 봉사 활동 내용들입니다.

‖ 메못 목끄라 마을 봉사 활동 ‖

메못은 프놈펜에서 택시로 5시간 정도 걸리며, 깜퐁참을 거쳐 몬돌끼리로 가는 길목에 위치해 있다.

이곳은 지역사회 개발 단원이 봉사 활동하는 지역으로, 지역을 잘살게 하기 위하여 버섯 재배 등 다양한 방법으로 봉사 활동을 하는 곳이다. 봉사 활동 지역까지 시간이 많이 걸리므로 아침 일찍 5시에 출발하였다. 출발하기 전에 서로 인사를 나누고 가는 도중 봉고 차 안에서 도시락을 먹고 도착하자마자 진료 준비를 시작하였다.

나는 간호 단원이기 때문에 항상 진료 분야이며, 약국 봉사 활동을 시작하는데 작은 외과 수술도 시행하게 되었다.

다른 단원은 초등학교 벽화 페인트칠을 해주고, 보금자리 개선 사업으로 집이 필요하지만 경제적으로 어려움이 있는 분에게 집을 지어주는 사업도 계획하여 집을 지어주기로 하였다.

아이들에게 위생 교육으로 손 씻기, 양치질을 교육하였으며, 진료환자가 많은 관계로 진료를 끝내고 나니 늦게서야 점심을 먹을 수 있었다.

이곳 봉사 단원은 현지인 나무집에 방을 하나 빌려 함께 살고 있었다.

함께 산다는 것이 불편할 것 같았으나 그 단원은 항상 웃는 모습이다. 단원들은 각자 지역에서 본인이 만들 수 있는 한국 음식 잡채, 김치를 만들어 그 지역 주민들과 나누어 먹는다고 한다.

그곳에서 봉사한 그 단원에게 감사함을 전하고 싶다.

지금쯤 원하는 곳에 취업하여 매우 열심히 잘 살 것 같은 생각이 든다.

봉사가 끝나고 돌아올 때는 재배한 버섯과 덜 익은 잭푸르트를 차에 실어주어 유숙소에 두고 많은 사람들이 함께 나누어 먹었다.

캄보디아 봉사가 끝나고, 귀국 단원이 한국에 돌아가기 전 유숙소에서 깨 강정을 만드는 방법을 가르쳐 주고, 깨 강정을 만들어 단원들에게 나누어 주어 단원들이 맛있게 잘 먹었다.

그 지역에서도 깨 강정을 많이 만들어 지역 사람들과 나누어 먹었다고 한다.

다양한 직종의 봉사 단원들을 통하여 서로 가지고 있는 지혜를 나누고, 모르는 것을 배우게 되어 많은 것을 얻게 되니 이 또한 감사할 뿐이다. 봉사 단원들은 나눔이 천직인 것 같다.

봉사를 마치고 돌아오신 다음 현재 생활에 만족하며 열심히 지금 잘 살고 계시겠지요.

끄라체 끄로꼬초등학교 1박 2일 봉사 활동

끄라체는 프놈펜에서 북동쪽에 위치하며 봉고 차 혹은 택시로 7시간 정도 시간이 걸리고 지역은 옆에 메콩강이 흐른다.

봉사 활동 지역의 시간이 많이 걸리는 관계로 새벽 5시에 출발하였다.

이곳 초등학교에는 간호 단원, 미술 단원이 있으며 유치원과 도서관이 예쁘게 꾸며졌으며, 지역 주민이 건강하게 살아갈 수 있도록 하기 위하여 두 단원이 열심히 활동하는 지역이다.

간호 단원이 어떻게 활동하는지 보고 싶은 마음에 모두 참여하였다. 봉사 활동은 9시 30분에 진료 시작이었으나 늦게 도착하는 관계로 10시에 시작하게 되었다.

진료는 접수하면서 혈압, 혈당 체크를 하여 고혈압, 당뇨병 환자를 선별하여 협력 의사가 진료를 한 후 약국에서 약을 준비하여 복용 방법을 설명하며, 질환 관련 주의 사항을 말해주었다.

대부분, 고혈압, 위장 질환, 관절 질환 환자가 많았다.

봉사 가면 약국에서 약 준비할 때 포장하는 시간이 많이 걸려 약속 처방을 미리 만들어 가기로 하였다.

약속 처방을 미리 만들어 간 관계로 진료하는 데 어려움은 없었다.

노력 봉사에는 페인트칠로 벽화작업을 하고, 놀이교육에서는 체육대회, 페이스 페인팅, 요술 풍선을 만들어 아이들이 재미있게 놀 수 있도록 하였다.

(사진: 아이들이 즐겁게 노는 모습)

진료를 마치고 밀물 돌고래를 보려고 하였으나 비가 억수로 쏟아지는 관계로 배를 탈 수도 없어 강에 더 이상 갈 수가 없었다.

(사진: 끄로체 민물 돌고래 입구)

일요일 진료를 마친 후 돌고래를 보고 오후 늦게 2시경 출발하기로 하였다. 저녁 식사는 간호 단원 집에서 고기를 구워 먹기로 하였다.

 간호 단원 집은 좁았으나 주인집에서 자기 집의 넓은 장소를 제공해 주서서 밖의 베란다에서 고기를 굽고, 밖의 비 오는 소리를 들으며 끄로체의 시내 전경을 보고, 단원들과 이야기를 나누었다.

 각자 지역에서 열심히 살아가는 단원들과 한국에서의 생활 이야기를 나누며 시간 가는 줄 모르게 지나갔다.

 그곳에서 오늘 하루는 편안하고 즐거운 시간이었다.

 모든 것을 끝내고 숙소인 게스트 하우스로 돌아왔다.

 오늘 하루 감사하며….

 함께한 봉사 단원들에게 하고자 하는 희망이 이루어지시기를….

 다음 날 진료한 곳은 독일 NGO 단체에서 운영하는 GTZ에서 조성 중인 마을이었다. 이 마을은 저소득 가구를 대상으로 이곳에 이주시켜 공동생활을 하는 마을이다.

 빈민 이주 마을 대상으로 지역 주민에게 건강 체크로 혈압, 혈당을 체크하여 고혈압 환자, 당뇨 환자를 선별하고 진료 후에는 보건 교육을 실시하여 만성질환을 약물로만 치료하는 것이 아니라 음식으로 건강하게 자가 관리를 할 수 있도록 교육하였다.

 보건 교육을 하면서 가끔씩 갈등도 생긴다. 먹을 것이 없어 먹지도 못하는데 먹을 것 안 먹을 것을 구분하여 먹어야 하니 아이러니하다.

 이곳은 주립병원과 보건소가 멀리 있는 관계로 의료의 접근성이 어렵지만 간호 단원이 마을 교육을 통하여 혈압, 혈당 체크로 수치를 알게 하며, 보건 교육을 통하여 식이요법, 간단한 운동을 지속적으로 실시함으로 건강 관리를 할 수 있도록 하고 있었다.

이 지역은 개발 초기 단계로 시장이 없는 관계로 코이카 단원들이 기증한 물품을 준비하여 저렴한 가격으로 물품을 판매하여 나누어 가질 수 있도록 벼룩시장을 실시하였다.

벼룩시장 후 판매된 금액은 그 지역 어린이들에게 학용품을 살 수 있도록 드렸다.

다양한 문화 혜택을 누리지 못하는 이 지역에 영화를 보여주기 위하여「마라톤」,「태극기 휘날리며」, 기타 등을 준비하여 보여주고 새로움을 접할 수 있도록 하여 모두들 즐거워하였다.

아이들과 페이스 페인팅, 요술 풍선 만들기, 한글 이름 쓰기 등을 하며 즐거운 시간을 보냈다.

봉사 단원들이 각자의 역할에서 모두들 너무 열심히 한다.

쏙써바이 봉사 단원들 감사합니다.

이 마을 주민들도 하루속히 정착하여 편안한 생활을 할 수 있었으면 하는 바람이다.

(사진: 끄로체 이주 마을)

깜퐁참 쁘라욕

깜퐁참 쁘라욕 마을은 프놈펜에서 북쪽에 위치하며 프놈펜에서 가까운 거리에 있는 마을이며, 7개 면 중에 인구가 제일 많은 지역이다. 봉사 단원은 아침 인사를 서로 나누고 도착하니 거리가 가까운 관계로 아침 일찍 도착하여 9시부터 진료를 하기 시작하였다.

150명 정도의 환자 무척이나 바쁜 하루가 갈수록 환자가 많아지는 것 같다. 대부분 고혈압 환자와 당뇨병 환자가 많은 것 같다.

고혈압은 어릴 때부터 간식을 소금에 찍어 먹는 것이 원인인지, 아닌지 이곳에 역학 조사를 한 것은 아니라 알 수 없다.

모든 환자를 진료하고 오려고 하였지만 많은 환자 진료로 약이 모두 떨어져 진료를 더 이상 할 수 없었다.

다음 봉사 활동 올 때는 약품을 충분히 준비하여 오기로 하였다.

노력 봉사로는 지역사회 마을 센터 페인트칠, 위생 교육 양치질, 손 씻기(언제 닦는 것이 좋을까? 어떻게 씻는 것이 좋을까?) 시각 자료를 이용하여 보여주며 손 씻기 실습을 하였다.

미술 교육 데칼코마니는 노래 가사와 그림을 활용하여 노래와 동요를 배우는 것이다. 아이들이 모두 즐거워한다.

오랜만에 지역사회 방역은 지역 주민 2명과 단원이 함께 소독을 시작하였는데 현지인이 안내하는 대로 집 내부, 화장실, 가축우리, 동네 주변을 방역하였다.

캄보디아는 집 앞에 물웅덩이가 많으므로 지속적인 방역이 필요하다.

처음으로 봉사에 함께한 31기 봉사 단원들이 많이 고생하였다.

한국에서 봉사 오신 중앙 공무원

한국에서 봉사 오신 중앙 공무원 신입 연수생과 함께 봉사하는 날이다. 공무원 연수생 합격자 여자분이 많으셨다.

새벽 5시에 일어나 준비를 하고 6시 출발이니 아침에 서둘러 오셨을 것이다. 이번에 새로 맞춘 쏙써바이 티셔츠는 중앙공무원연수원에서 후원해 주셨다고 한다. 감사합니다.

차 안에서 아침밥을 먹으며 출발하고 도착하자마자 진료를 시작하였다. 날이 갈수록 환자가 많아진다.

약품도 만만치 않게 많이 들어가며, 항상 진료가 제일 늦게 끝난다. 다른 팀들은 일이 끝나고 항상 진료팀을 기다리고 있다. 미안하게도. 항상 함께해 주시는 협력의 외과 선생님이시다.

웬만하면 지역 주민들에게 모두 해주시려고 하신다.

에너지 넘치는 외과 선생님 감사합니다.

간단하게 해줄 수 있는 수술을 해줌으로 지역 주민은 모두들 좋아한다.

우리는 우리가 가지고 있는 의료 기술을 한 달에 한 번 하는 봉사이지만 무척이나 바쁘다. 일을 하다 보면 시간이 어떻게 지나가는지 모르게 지나간다.

그래도 이렇게 봉사할 수 있음에 감사드린다.

오늘 봉사 오신 공무원들은 무척이나 힘들었을 것이다.

이 더위에 하수도 땅을 파니 얼마나 힘들까? 한국의 시원한 곳에서 교육받고 공부만 하고 삽이라도 한번 잡아보았을까?
 이 봉사를 통하여 개발도상국의 가난함을 보며, 더 넓은 세상을, 멀리 보지 않을까 하는 생각이 든다.
 여하튼 함께해 주심에 감사드린다.
 오전, 오후 진료를 마치고 점심은 어떻게 먹었는지 모르겠다.
 봉사 팀들이 준비해 준 것으로 점심 식사를 하고 나름대로 과일, 커피까지 준비하여 맛있게 먹었다.

깜퐁참에서 한국의 대학생과 봉사

깜퐁참에서 한국의 대학생과 함께하는 봉사 활동이다.
 대학생들은 깜퐁참 중에서도 오지인 농촌 깊숙이 들어가 현지인들 집에서 함께 거주하며 생활함으로써 이 나라의 생활 문화를 체험하며 학생들에게는 한국을 알리는 계기가 되는 것이다.
 초등학교에 페인트칠도 하고, 아이들과 체육 활동도 하며 지내며, 한국도 알리고 다양한 활동을 하며 지낸다.
 우리 봉사 단원들은 새로 오신 협력 의사 세 분과 진료를 시작하였다.
 협력 의사 한 분은 오신 지 얼마 안 되었지만 크메어 언어 구사를 잘하시며 크메어로 질문하고 진료하신다.
 처음 진료하시는 의사 선생님에게는 진료에 도움이 될 수 있도록 통역자 1명이 의사 선생님 옆에서 통역하게 하여 많은 분들을 진료할 수 있었다. 아마도 세 분의 선생님들도 개발도상국을 위하여 열심히 진료하시며 지내셨을 것 같다.

프레이뱅 끌라면

「체험 삶의 현장」 촬영을 한국의 연예인 한 분이 함께하기로 하였다. 프레이뱅은 프놈펜에서 근거리에 있어서인지 많은 분들이 봉사를 오신다.

우리는 「체험 삶의 현장」 팀과 함께 봉사하기로 하였다.

유숙소에서 출발하기 전 연예인 한 분은 프레이뱅을 유머 있게 하리고 프라이팬이라고 한다.

함께 하는 우리 모두의 구호는 "아자, 아자, 아자" 하기로 하였다.

촬영 팀은 무척이나 피곤할 것이다. 어젯밤 11시에 도착하여 6시에 출발하기 위하여 아침 일찍 나오셨다.

우리 일행은 봉고 차를 달리고 달려 8시 30분경 프레이뱅에 도착하였다.

프레이뱅에는 간호, 미술, 지역사회개발, 컴퓨터 단원들이 있는 곳이다.

이번 촬영을 하면서 집이 없는 사람에게 집도 한 채 지어주고, 학교에는 벽화도 그려준다. 간호 단원들은 진료 파트보다 노력 봉사도 해보고 싶다고 노력 봉사 쪽으로 갔다.

나는 언제나 진료팀과 함께한다.

의료의 혜택을 받을 수 없는 곳이기 때문에 오전, 오후 진료인데도 많은 환자분들이 오셨다. 오전에는 소아과, 내과, 외과 진료를 하고 간단하게 수술하실 분은 오후에 오시라고 하였다.

나는 한국에서 외국인진료소 봉사할 때 약국 봉사, 이곳에서도 약국 봉사. 약국은 무척이나 바쁘다.

오늘은 환자가 많은 관계로 기본검사 체크한 다음에 진료를 받을 수 있도록 하였다.

진료하는 곳은 초등학교 교실에서 하는데 날씨가 무척이나 덥다.

아이들은 창문에 매달려 진료하는 것 구경하느라고 창문으로 들어오는 바람을 막고 비켜주지를 않는다.

날씨가 너무 더워 덥다며, 바람이 안 들어온다고 하는데 아이들은 외국인이 크메어 하는 말이 신기한지 웃기만 하고 그대로 창문에 매달려 있다. 조용히 "끄다우(덥네요)" 해도 웃기만 하는 아이들이다. 진료로 한창 바쁜데 촬영에 참여해 달라고 한다.

봉사하는 것 보여주고 하는 것 하고 싶지 않지만 참여 안 할 수는 없고, 환자에게 약 복용 방법 설명하는 것만 하기로 하였다.

환자가 많아 바쁜 관계로 어떻게 지나갔는지 모르겠다.

점심 식사 시간이 돌아왔다. 배가 고파 한없이 먹고 있는데, 촬영하시는 분은 잘 안 드신다. 혹여 드신 것이 잘못되어 배탈이 날까 걱정을 하는 것 같다. 점심식사를 하는 중에 연예인께서 하시는 말씀이 아름답게 늙으셨다고 하신다. 늙었다는 말이 새삼스럽게 들린다.

내가 이렇게 나이가 들었나 하는 생각이 든다.

나는 한없이 젊은 것 같은데….

직장 생활로 너무 바쁘게 달려오는 동안 긴 세월을 한 번도 돌아보지 못하고 지나온 것 같다.

나이 이야기만 나오면 나는 지금까지 잘 살아왔나 하는 생각이 든다.

바쁘게만 살았지 인간관계는 잘 돌아보지 못한 것 같다.

점심 식사가 끝나고 후식으로 그 지역의 과일과 커피를 가져오셨다.

찬 음식은 탈 날까 봐 거의 먹지 않았다.

점심 식사를 끝내고 오후 진료를 시작하였다.

역시 많은 환자분들이 오셨다.

이 약을 받으시고 많이 좋아졌으면 하는 바람이다.

모든 봉사 활동이 끝나고 촬영 팀은 내일 다른 촬영을 위하여 이곳에 숙소를 정하고, 다른 봉사 단원들은 모두 프놈펜으로 돌아갔다.

나는 이곳 지역에서 간호 단원이 활동하는 것도 보고 나의 지역에 도움이 될까 해서 간호 단원 집에 함께 머무르기로 하였다.

다음 날은 프레이뱅강을 보러 갔다.

간호 단원이 강을 보러 가자고 한다.

이곳은 본래 강이 아니라 넓은 들판이었는데 건기에는 그곳에서 농사를 짓고 우기에는 강으로 변한다는 것이 신기하다.

　강이라기보다는 바다 같은 느낌이 든다. 물이 흘러넘쳐 그 지역을 시원하게 만든다.

‖ 몬돌끼리 ‖

　몬돌끼리는 프놈펜에서 북쪽으로 멀리 떨어진 지역으로 버스로 8시간 정도 소요되며, 승용차로는 6시간 정도 소요된다.
　몬돌끼리 중심부는 센모노롬이라고 하며, 끼리는 크메어로 '산'이라고 하여 경치가 멋있으며, 몬돌끼리는 부스라 폭포에 커피가 아주 유명하다.
　이곳에서 3박 4일 동안 3곳을 의료 봉사 해야 하므로 많은 약품을 준비하여야 했다. 준비를 하는 관계로 3시에 출발하려 하였으나 물품 배달이 지연되는 관계로 4시경에 출발하였다.
　서둘러 준비를 마친 다음 차는 한없이 달려 깜퐁참, 끄로체, 승우얼 닥담을 거쳐 달리는데 중간중간에 비가 억수로 쏟아부었다.
　갈 길이 먼 관계로 휴게소에서 저녁 식사를 간단하게 한 다음 달리다 보니 어느덧 어둠이 깔려 밤이 되어 주위를 알아볼 수가 없었다.
　비가 많이 오는 관계로 주위를 알아볼 수가 없어 우리 일행은 늦은 밤 10시경에 도착하게 되었다.
　이곳도 연휴에는 관광지로 사람이 많은 관계로 숙소를 구하기 어려웠다. 오늘 하루는 이곳에서 하룻밤을 자고 내일은 숙소를 옮기기로 하였다. 숙소에서 짐을 풀고 약속 처방을 준비하지 못한 관계로 룸메이트 간호 단원과 함께 내일 진료를 위하여 약품을 준비하기로 하였다. 밤늦게까지 약속 처방 준비를 하고 잠을 잘 수가 있었다.

그곳 성당에 드리려고 간단한 물품, 라면, 아이들 간식, 기타 등등 준비를 하였다.

아이들은 집이 시골에 있는 관계로 도시에 거주지가 없어 공부하기가 어렵기 때문에 성당에서 운영하는 숙소에서 함께 생활하며 학교에 다니고 있다. 그래도 숙소를 제공해 주는 곳이 있어 도시에서 공부가 가능하다.

그 아이들도 이곳에서 잘 자라고 배워 자기 지역을 발전시킬 것이다.

아침 일찍부터 모니티상콤초등학교에서 의료 봉사, 노력 봉사로 학교 페인트칠을 하기 시작하였다.

이곳 초등학교는 미술 단원이 있는 학교로 언덕 위에 위치하며, 바람이 심하여 학교에 나무가 거의 없다.

언덕 위에서 나무가 바람에 견디어 내야만 자라기 때문에 학교에 나무는 모두가 짤막짤막하다.

학교에 페인트칠을 하기 위하여 미술 단원이 필요한 그릇, 페인트, 솔, 기타 등등을 빌려 준비해 놓았다.

학교는 밝은 연두색으로 문을 칠하고 벽을 색칠하니 학교 건물이 너무나 예뻤다. 밝은 색상으로 새 학교, 새 건물이 되었다.

학교도 깨끗하고 환경이 좋으면 아이들도 공부하고 싶은 마음이 생길 것 같은 생각이 든다.

오후에는 음악 교육 단원이 있는 몬돌끼리 중심부에 있으며 제일 큰 학교인 훈센센모노롬초등학교에서 진료를 하고, 아이들과 체육 행사를 하기 위해 장소를 옮겼다.

학교에서 진료를 시작하고 있는데 교육청에서 캄보디아 의사와 함께 진료하지 않으면 진료를 할 수 없다고 한다.

그래서 우리는 진료를 중단할 수밖에 없었다.

캄보디아는 진료 시 주립병원, 보건소에 허락을 받아야 한다.

이곳은 진료 시 모두 돈을 받고 진료하기 때문에 무료 진료라 하더라도 그 지역에 허락을 받아야 한다.

무료로 무엇이든지 한다고 좋아하는 것은 아니다. 무료 진료가 많으면 주립병원, 보건소 수입원에 영향을 미칠 수 있다.

우리는 더 이상 진료를 하지 못하고, 모두 정리하였는데, 사람들은 약을 달라고 하며 가지를 않는다. 그래서 피부병이 심한 환자들에게는 바르는 연고만 줄 수밖에 없었다.

피부과 약은 몇 번만 바르면 좋아질 것을 알기 때문에 원칙만 가지고 안 줄 수는 없었다. 진료는 못 하였지만 지역에 승인을 받지 않고 진료할 수 없다는 좋은 정보 경험을 얻은 것 같다.

진료는 하지 않았지만 아이들과 함께 하는 체육 행사는 재미있게 진행되었다. 아이들과 재미있게 뛰어놀고, 아이들, 단원들 모두가

신이 나는 체육 행사였다. 운동회가 없는 이 나라에서 아이들은 신나는 운동회였을 것이다. 하루 일정을 끝내고 숙소로 돌아갔는데, 프농족 지역 마을에서 외국인은 이틀을 숙박할 수가 없다고 한다.

나름대로 이 나라도 원칙은 있는 것 같다.

게스트 하우스에서 숙박계를 쓰라고 한다.

그래서 우리 모두는 숙박계를 쓰고 다양한 경험을 하였다.

모두들 캄보디아에 숙박하면서 숙박계를 쓰는 것은 처음이라고 한다.

|| 몬돌끼리 부시암 마을 선교사 ||

몬돌끼리 부시암 마을 선교사가 계시는 부시암 마을에서 진료를 해야 하는데 어제와 같은 일이 생길까 걱정을 하게 된다.

선교사님이 이곳 상황을 잘 알기 때문에 불편함이 없도록 절차를 완벽하게 해놓아서 우리는 수월하게 봉사를 할 수 있었다.

그리고 그 지역은 중심부에서 많이 떨어져 있으며, 시골 안에 있어 지역 주민이 시내로 나와 진료를 받을 수 있는 상황이 아니기 때문에 진료가 가능한 것 같았다.

몬돌끼리 바람이 대단하다.

바람이 무척이나 분다. 제주도 바람하고는 차원이 다르다.

봉사하러 가는 길 양옆 갈대가 바람에 흔들리는 것이 정말 아름답다. 밖은 바람이 엄청 불어 서 있을 수가 없을 정도다.

이곳의 봉사는 진료, 미취학 아동, 초등학교 아이들에게 위생 교육, 페이스 페인팅, 한국 음식 만들어 대접하기, 영화 상영이었다.

아이들을 위하여 한국 음식을 만드는데 만들 틈도 없이 잘 나간다.

모두들 맛있게 먹는 것을 보니 만드는 사람, 먹는 사람 모두가 한마음이 된 즐거운 하루의 봉사 시간이다.

진료는 바람이 심하게 부는 관계로 교실에서 진료를 하였으며, 한쪽 교실에서는 고혈압, 당뇨에 대한 주의 사항과 음식 섭취에 관한 유인물을 제공하고 보건 교육도 하였다.

짧은 교육 시간을 통하여 전달받은 교육이 많은 도움이 되었으면 하는 바람이다. 진료를 마친 오후 몬돌끼리에서 유명한 부스라 폭포에 가기로 하였다. 비가 많이 온 후 물이 많아 폭포는 무척이나 아름다웠으며, 폭포에서 떨어지는 물소리는 장관이다.

건기에 폭포를 구경하러 오면 물이 없어 폭포를 느낄 수 없다고 한다. 연휴라서 이곳에도 사람들이 많았다. 캄보디아도 연휴에는 관광지에 사람이 많은 것 같다. 한국과 비교할 수 없을 정도로 많은 것은 아니지만, 폭포에서 물놀이를 하는 사람도 많았다.

폭포!

하얀 물 떨어지는 곳에 주홍색 천을 두르고 거니는 스님들은 한 폭의 그림 같았다. 이 나라는 폭포가 없기 때문에 캄보디아인들은 이곳을 많이 찾는다고 한다.

(사진: 부스라 폭포 전경)

몬돌끼리는 프놈족이라고 하여 한집에 여러 가족이 함께 살고 있으며, 지붕이 땅을 덮고 있는 것이 특징이다.

(사진: 프놈족 전통집)

프놈족들을 확인할 수 있는 것은 등 뒤의 망태기를 보면 알 수 있다. 시장에 물건을 사러 온다거나 집을 나올 때는 집어넣을 수 있도록 등 뒤에 망태기를 메고 다닌다.

(사진: 프놈족 아이들)

우리는 점심을 먹고 난 후 두 팀으로 나누어 한 팀은 3시에 출발하기로 하였다. 점심은 꿀맛이었다. 이곳의 음악 단원이 어머니가 만들어 주시고 간 한국 음식, 본인도 한국 음식을 만들어 가지고 왔는네 성발 맛있게 잘 만들었다. 덕분에 모두들 한국 음식을 맛나게 먹었다. 음식을 만들어 대접하는 일이 쉬운 일이 아닌데 많은 사람이 먹을 수 있도록 만들어 준 음악 단원에게 감사드린다.

모두들 잘 마무리하고 마지막으로 기념 촬영을 하려다 한 단원이 돌에 미끄러져 발을 다쳤다.

응급처치를 간단하게 하고, 남자 단원들이 폭포에서 업고 정류소까지 올라갔다. 단원이 다리를 다쳐 오랫동안 머물 수가 없어 바로 출발하였다.

프놈펜에 올라가 병원에서 사진을 찍었는데 아무 이상이 없었다. 그래도 아무 일 없음에 감사합니다.

남은 한 팀은 한 번 왔다 가기 어려운 관계로 하루를 이곳에서 더 머물며, 몬돌끼리의 맑은 하늘, 기타 등등을 보기로 하였다.

베트남 국경 가는 도로는 새로 길을 만들었는지 잘 닦아져 있었지만 출입국 사무소는 나무로 만든 집 한 채뿐이다.

주위에 집이라고는 몇 개의 상가와 음식점이 있을 뿐이다.

(사진: 몬돌끼리)

이 먼 길을 언제 또다시 와볼까?

모든 것을 눈과 마음에 넣어두고 한국에서 가끔씩 꺼내어 생각해 보아야지….

몬돌끼리는 도시 전체가 스위스 같은 느낌을 준다고 할까?

산 위에, 언덕 위에 있는 집들, 한국과 같이 이 사람들도 연휴에는 관광지를 찾아가나 보다. 한 달 만에 또 왔는데 그래도 새롭다.

몬돌끼리의 아름다움을 눈과 마음에 넣고 달리는 봉고 차 안에서 가만히 생각해 본다. 정말 아름다운 그곳 몬돌끼리!

여기저기 봉사를 다니고 프놈펜에 오니 오후 6시가 되었다.

시아눅크 국왕 즉위 기념이라고 길가에는 사진과 네온사인 조명이 우리 일행을 반겨주듯 거리는 휘황찬란하며, 많은 장식이 되어 있었다. 이제까지 잘 살 수 있음에 감사드리며….

깜퐁츠낭

깜퐁츠낭은 프놈펜에서 북쪽으로 2시간 정도의 거리에 있는 곳이다. 츠낭은 크메어로 '냄비'라는 말이다.

이곳은 흙이 좋아서인지 도자기를 구워서 만든 물건이 많다.

옛날에 스테인리스, 양은이 없는 시절 토기로 그릇을 만들어 사용하지 않았는가?

마차에 주렁주렁 매달고 가는 것을 보면 종류가 다양하게 많다.

구멍이 여러 개 들어간 것이 무엇일까 했더니 빵 굽는 그릇이다.

호리병, 모기향 피우는 것, 기타 등등 다양하게 많다.

우리가 봉사할 곳인 지역사회 개발 단원이 있는 오껀달 마을은 2회에 나누어 봉사할 마을이다.

의사가 없는 관계로 진료는 할 수 없다.

우리가 봉사할 내용은 혈압, 당뇨, 보건 교육, 건강 체크를 실시하여 지역 주민의 건강상태를 파악한 다음 질병이 있는 분에게 준비된 유인물을 나누어 주어 설명하고 보건 교육을 하기로 하였다.

보건 교육을 하는데 글을 모르시는 분이 계셔서 그림으로 만들어 놓은 교육 자료를 가지고 설명하였다.

두통이 있거나 허리가 아프신 분에게 약을 한두 번 드실 것, 파스, 구충제, 비타민, 철분제를 드리고, 간단한 상처를 치료해 주었다.

지역 노인들에게 경로잔치로 많은 것을 해드리지 못하지만 한국과 같이 무병장수 시대에 환갑이 되면 사진을 찍어 집 마루에 볼 수 있도록 걸어놓지만 이곳은 사진을 찍어 걸어놓는다는 것이 쉬운 일은 아니다.

그래서 어르신이 많은 관계로 경로잔치 겸 영정 사진을 찍어드리고, 기다리는 동안에 한국 음식을 만들어 대접하였다.

사진은 추후 크게 현상하여 다음 쏙써바이 때 나누어 드리며 집에서 필요로 할 때 사용할 할 수 있도록 하였다.

유아 교육 단원들은 아이들에게 몸을 씻기고 옷을 갈아입히며, 위생 교육으로 양치질하는 방법, 손 씻기 방법 등을 가르쳐 주었다.

벼룩시장을 하기 위하여 유숙소에 단원들이 귀국하며 두고 간 물건, 한국에서 기증한 물건으로 벼룩시장을 하여 남은 판매 금액은 이장님께 드려 이 마을을 위해 사용할 수 있도록 하였다.

환경 캠페인을 하기 위하여 소각장을 만들려고 하였는데 주민들이 소각장 만드는 장소를 쉽게 제공하지 않아 만들 수가 없었다.

그래서 이 지역에 쌓여 있는 쓰레기를 치우기로 하였다.

이곳은 쓰레기장이 없어 무엇이든지 먹고 난 후에는 그냥 길에 버린다.

큰 봉투를 들고 쓰레기를 줍다 보니 쓰레기 매립장인 장소도 있어 동네 대청소를 하게 되었다.

청소라는 것이 하고 나면 기분이 상쾌하지 않은가?

쓰레기통에 쓰레기 버리기 환경 캠페인을 하였지만 마을 주민들이 보고 실천하였으면 하는 바람이다.

모든 것은 보고 배우는 것도 많으니까 말이다.

묶은 쓰레기를 한참에 걸쳐 대청소하였다.

모든 것이 끝난 다음 점심 식사를 맛있게 하고, 회의를 통해 봉사한 활동 의견을 서로 나누며 평가하였다.

봉사 지역이 가까운 관계로 일찍 프놈펜에 도착하였다.

돌아오는 길에 츠낭 도자기 굽는 곳도 들러 구경을 하였다.

(사진: 깜퐁츠낭 토기)

‖ 깜퐁뜨라이 담낙칸튜 1차 ‖

깜퐁뜨라이 담낙칸튜초등학교는 프놈펜에서 148km 남쪽에 있으며 버스로 3시간 30분 정도 소요된다.

봉사를 하기 전 준비하기 위하여 현지답사를 하러 먼저 다녀갔다. 멀리서 오기 때문에 아침 식사를 못 하고 올 것 같아 식사를 간단하게 준비하려고 하였지만 모두들 인원이 많다고 반대하여 준비하지 않았다. 그래도 혹시나 하여 김밥을 조금 준비하였는데 모두들 맛있게 먹어주었다. 변변하지 못한 것을 맛있게 먹어주니 감사할 뿐이다.

봉사할 곳을 둘러본 다음, 단원들이 봉사를 끝나고 갈 때 그 지역에 유명한 관광지를 함께 다녀 보고 가기 위해 캡으로 갔다.

캡은 바닷가로 깜퐁뜨라이에서 버스로 30분 거리에 있으며, 과거 프랑스 점령 시절 프랑스 사람들의 휴양지였다.

캡에서 만든 음식 통후추로 양념한 게 맛은 꿀맛이다. 깜뽓은 후추가 유명함으로 모든 음식에 통후추를 많이 넣는다.

캄보디아는 다른 지역을 방문하려면 프놈펜을 거쳐 가는 것이 제일 편하다. 그래서 어떤 곳이든 관광지를 가려면 프놈펜을 가야 한다.

그래서 봉사 활동을 마치고 돌아갈 때 캡을 둘러 가려고 한다.

게 요리와 함께 식사를 마치고 다음 주에 올 봉사 내용을 파악한 다음 프놈펜으로 돌아갔다.

이곳은 의료 봉사 활동이 없었던 지역으로 많은 사람들이 진료 오시는 것에 대하여 대환영이다.

그렇지만 원하시는 지역 주민 모두 진료할 수 없기 때문에 어려움이 있을 것 같아 진료 인원을 50명 정도로 제한하였으면 좋겠다고 교장 선생님에게 말씀드렸다.

봉사 활동 내용은 학교 페인트칠과 어린이 놀이, 체육 활동 중심으로 하기로 하였다.

일주일 후 쏙써바이 봉사 활동은 프놈펜에서 6시에 출발하여 이곳에 오면 8시 45분경 도착하여 9시에 시작하기로 하였다.

봉사 전날 학교는 봉사하는 데 불편함을 줄이기 위하여, 페인트칠에 필요한 물품인 사다리, 받침대, 페인트 담을 그릇 등 필요한 것을 준비하였다. 페인트칠을 하기 위하여 창문을 모두 떼어 먼지를 털고, 물로 닦고, 교사, 학생 모두가 한마음이 되어 학생들은 운동장에 풀을 뽑고, 운동장에 쓰레기를 모아 소각하며 봉사 활동 준비를 위하여 대청소를 하고 모두들 바쁘게 움직이며, 기쁘게 준비해 주었다.

　창문을 깨끗이 닦아야 페인트칠을 하면 깨끗하다고 하니 모두들 열심히 협조해 주었다. 모든 선생들에게 감사할 뿐이다.

　(사진: 학교 대청소하는 아이들)

　교사들은 학교에 일찍 출근하여 봉사에 필요한 준비를 해주었다.

　진료 시작하는 교실 앞에, 진료 전 검사하는 곳, 진료받는 곳을 크메어로 적어 진료를 순서대로 할 수 있도록 하였다.

　혈당 검사를 정확하게 하기 위하여 아침 식사를 하지 말라고 전달하였다. 학교를 출근하고 있는데 자전거에 코코넛 한두 개를 자전거 뒤에 싣고 오는 학생, 동생이 자전거 뒤에 앉아 안고 오는 학생들이 즐거운 마음으로 웃으며 자전거를 타고 달렸다.

　나중에 알고 보니 봉사 단원들이 봉사 활동 중 중간에 너무 더워 갈증 나면 주려고 아이들에게 가져오라고 한 것이었다.

　코코넛은 교실 한쪽에 쌓여 있다. 갖고 온 코코넛을 옮겨놓고 서 있는 아이에게 사진 한 장 찰칵 찍어주었다.

　(사진: 쌓여 있는 코코넛)

　정말 맛있는 코코넛이다. 코코넛도 맛이 모두 다르다.

　이곳 아이들은 행사가 있을 때 얼굴 표정이 다르다.

　큰 눈동자에 순수한 미소 모두가 즐거운 표정이다.

진료 전 건강 체크를 위하여 혈압, 혈당 체크를 하였는데 수치가 높은 사람이 의외로 많았다.

혈압이 높은 사람은 추후 학교에 와서 반복 체크를 하기로 하였다.

체육 활동은 긴 줄넘기로 단체로 뛰기, 공 굴리기 등으로 4, 5, 6학년만 하기로 하였지만 전 학년이 참여했다. 저학년은 놀이를 할 줄 몰라 체육 활동 진행하는 데 어려움이 있었을 것이다.

아이들은 처음 하는 놀이라 신이 나서 즐겁게 뛰어놀았지만 진행자는 힘이 든 것 같다.

(사진: 체육 활동)

처음으로 한국인 부모를 둔 피스코(미국평화봉사단) 봉사 단원이 함께하였다. 피스코 봉사단은 시아누크 빌 가기 전 학교에 봉사 오신 분이다. 쏙써바이 봉사 활동에 참여하고 싶어 함께하였다고 하신다.

한국에도 1970년대 평화봉사단이 있었다. 대학 시절에 평화봉사단과 함께 지역사회에서 일한 적이 있었는데 강원도 산골 농촌 마을에 오셨다.

지금의 캄보디아와 별 차이는 없었을 것이다.

우리나라도 화장실이 없어 나무로 가리기만 하고 볼일을 본 다음에 쌀겨로 덮어놓으면 나중에 태워서 퇴비로 사용하였으니까 말이다.

그리고 소똥을 모아 가스로 사용하며, 부엌에서 프로판 가스를 틀면 소똥 냄새가 났으니 말이다.

한국이 급성장한 것은 몇 년이나 되었을까?

우리나라가 현재 잘살고 있기 때문에 계속 잘살아 온 줄 알고 있을 것이다. 현재 잘살고 있을 때 앞으로의 계획도 잘 세워나가야 한다.

종이접기팀은 교실에서 처음 하는 아이들에게 종이접기를 가르쳤다.

아이들은 종이접기를 배우며, 한없이 좋아하며, 즐거워 웃음이 넘치는 교실이 되었다. 종이를 접어 서로 만들어 자랑하고, 손을 들어 올리고 서로 보여주려고 자랑하고 싶어 한다.

작은 것에 기뻐하는 이 아이들에게 무언가 자꾸 해주고 싶다.

(사진: 종이접기 활동)

아이들에게 졸업 앨범을 만들어 주기 위하여 한 팀은 6학년 학생들에게 개인별로 사진을 한 장 한 장 찍어주었다.

사진을 찍어놓으면 초등학교 시절 친구들과의 추억이 남아 있지만, 졸업하면 자신이 가지고 있는 것이 아무것도 없다.

그래서 앨범을 만들어 주려고 개인 사진, 반별 사진으로 나누어 찍어 정리하고 있었다. 준비는 다 하였지만 졸업 앨범을 만들어 줄 수가 없었다. 6학년 담임 선생님께서 방학 중에 돌아가셔서 선생님과 함께한 사진들을 넣을 수가 없어 교장 선생님과 단체 사진을 찍어 크게 한 장씩 졸업 사진을 만들어 주었다. 사진에는 한국국제협력단 마크를 넣은 후에 한국에서 온 봉사 단원이 만들어 주고 갔다고 기억하도록 하였다.

(사진: 졸업 단체 사진)

학교 페인트칠 벽은 베이지색, 창문은 하늘색으로 칠하는데 색칠만으로 건물이 깨끗하고 멀리서 푸른 들판과 어우러진 학교 건물은 멀리서 보면 정말 멋있는 학교가 되어가고 있었다.

모두들 부지런히 칠하였지만 시간이 짧은 관계로 전체 건물을 모두 페인트칠하기가 쉽지 않아 칠하지 못하고 돌아가게 되었다.

단원들이 다음 달에 와서 칠한다고 하였지만 교장 선생님께서 선생님들과 페인트칠을 하시겠다고 하여 페인트칠할 비용을 드리고 남은 부분은 선생님들이 칠하기로 하였다.

(사진: 페인트칠하는 단원)

페인트칠은 마무리하지 못했지만 모두들 봉사 활동을 즐겁게 끝내고, 점심 식사는 캡에서 하기로 하였다.

이곳의 유명 관광지 왓 프놈 동굴(왓은 절이고 프놈은 낮은 산이다)은 구경을 못 하고 다음에 관광하기로 하였다.

즐거운 마음으로 애써주신 단원들에게 프놈펜으로 돌아가는 차 안에서 먹을 수 있도록 귤과 얼음물을 준비하여 나누어 주었다.

모두에게 감사드리며, 하시는 모든 일에 축복이 있기를….

깜퐁뜨라이 담낙칸튜 2차

캄보디아에서 1년간 봉사 활동을 하면 3주간 휴가 기간이 주어진다. 조카 결혼식이 있어 한국으로 2주간 휴가를 다녀온 후 2차 봉사 활동을 하게 되었다.

쏙써바이는 1차 봉사 활동 하고 추후 관리를 위하여 2차 봉사 활동을 다시 한번 찾아가게 된다.

2차도 1차와 마찬가지로 같은 시간에 출발하였으나 6시에 출발한 봉고 차가 9시 20분경 도착하였다.

(사진: 봉사 활동 온 단원들)

봉사 단원들을 맞이하기 위하여 길가에 나가 기다리고 있는데 민지가 장난이 아니다. 이 동네 청년이 외국인이라고 와서 영어로 말을 한다.

그래도 영어 조금 한다고 의학 용어까지 넣어서 말하는 것을 보니 집안에 환자분이 계신 것 같다.

오늘 진료를 받고 싶은데 접수가 안 된 것 같다.

봉사 단원을 기다리는 동안 학교 앞이 집이라 찾아가 보니 할머니와 아주머니가 불편하신 것 같다. 불편하신지 한 3년 되었다고 한다.

할머니는 다리가 불편해서 걸을 수 없으며, 배가 많이 불러 있었다.

배에 복수가 찬 것은 아니고, 배가 단단하다. 병원에서 확실한 진단은 내리지 않은 것 같다. 연세가 80세가 넘고 다리가 불편해서 걸을 수 없으므로 수술을 하지 않고 집으로 보내신 것 같다.

진료를 받고 싶지만 확실하게 해드릴 것이 없으므로 오늘 진료 못 하시면 의사에게 환자 상태를 말씀드리고 약을 받아서 드리기로 하였다.

봉사 단원들이 9시 20분경 도착하여 30분부터 진료를 시작하였다.

진료는 1차에 오신 분들을 혈압, 혈당 체크하고 진료를 시작하였다. 혈압, 당뇨는 약물을 주기보다는 유인물을 주고 건강 교육으로 식이요법을 하기로 하였다.

혈압, 당뇨가 있는 분은 추후 건강카드를 만들어 드려 자신이 혈당과 혈압이 높다는 것을 알게 하였다.

(사진: 진료 전 기본 체크)

아이들에게는 체육 활동, 한국 노래를 크메어로 가르쳐 주기, 위생 교육, 한국 음식인 단골 메뉴 라볶이를 만들어 주어 한국 음식 맛을 보게 하였다.

아이들은 매운데도 음식의 새로운 맛 때문인지 잘들 먹는다.

아이들이 그릇이 모자라 다른 친구들이 못 먹을 것 같은지 먹은 후 그릇을 깨끗이 닦아 갖다주었다고 하며 봉사 단원들이 감동을 받았다고 한다.

그런 교육을 시켰냐고 하지만, 친구들을 배려하고 싶은 마음에 생활 습관이 나온 것 같다.

(사진: 음식을 만드는 단원들)

봉사 활동을 끝내고 선생님들이 교무실에 점심 식사를 준비하였다.

식사를 하기 전에 교장 선생님이 봉사 단원 모두에게 감사하다고 감사장을 준비하시어 대표인 회장이 받았다.

지금까지 쏙써바이 봉사 활동을 오랫동안 했지만 감사장을 준 것은 처음이라 모두들 깜짝 놀라며 좋아한다.

(사진: 단체 봉사 감사장)

봉사 단원들 모두, 교장 선생님, 선생님들의 적극적인 협조에 찬사를 보낸다. 점심 식사는 우리 식사와 선생님 식사가 달라서 미안했다.

우리는 좋은 음식 롱락을 준비하고, 선생님들 식사는 간단하게 준비하였다. 지나고 나니 공연히 마음이 짠하다.

함께 같이 드시라는, 왜 그런 말도 편하게 못 하였는지?

식사가 끝나고 교장 선생님 안내로 봉사 단원들과 함께 왓 프놈 구경을 하러 갔다.

입장료는 1$이지만 교장 선생님이 봉사 단원들을 위하여 입장료 없이 들어가기로 배려하였다. 모두들 무료입장 하였다.

왓 프놈 동굴 안은 절과 불상이 많으며, 동굴이 어두워 아이들이 플래시로 어두운 곳을 비추어 주고 나오면 돈을 받는다.

이곳은 외국인들이 오토바이를 타고 많이 오는 관광지이다.

(사진: 왓 프놈)

교장 선생님에게 왓 프놈 관광 사업으로 안내원, 커피숍, 상품(나무로 만든 토속 상품), 연꽃차(이곳은 연꽃 늪이 엄청 넓다. 끝이 안 보임), 당뇨에 좋은 고야차(고야도 엄청 많음)를 만들어 판매하면 좋을 것 같다고 하였다.

　판매량이 많으면 판매액에 몇 %만 받아 아이들의 장학금으로 하면 좋을 것 같다고 하였으나 어렵다고 한다.

　이곳은 깜뽓주에서 운영한다고 한다.

　그러므로 이 지역에 수입은 없다.

　입장료는 깜뽓주에서 가져가고 운송 수단은 캡에서 하고, 이곳의 수입은 아이들이 불을 밝혀 주고받는 정해진 금액이 없는 몇 푼 안 되는 1달러, 1,000리엘뿐이다.

　(사진: 왓 프놈 아이들)

　유명한 관광지이지만 이곳을 관광하려면 외국인들은 중간에 버스를 타고 내려 구경하고 가면 되지만, 이곳은 숙박할 곳이 마땅하지 않다.

　관광객들은 캡에 가서 숙소를 정하고 다시 뚝뚝이(오토바이 뒤에 앉을 수 있는 자리를 만든 운송 차) 혹은 오토바이를 타고 이곳에 와서 구경을 하고 숙소인 캡으로 다시 돌아간다.

　봉사 단원은 왓 프놈 구경을 마친 다음 각자 임지로 돌아가야 하므로 우리 집에서 봉사 활동에 대한 총평가를 하기로 하였다.

　(사진: 봉사 평가 나눔)

총평가에서 교장 선생님과 교사들의 협조에 모두들 감사하다고 한다.

평가를 마친 다음 두 팀으로 나누어 한 팀은 프놈펜으로, 또 다른 팀은 다음 봉사할 지역 현장 방문을 위하여 깜퐁싸움으로 떠났다.

이곳에 봉사 온 단원들에게 감사하며, 돌아가면서 먹을 수 있도록 볶아 놓은 땅콩을 차에 넣어주었다.

함께한 봉사 단원들 모습이 눈에 선하다. 모두에게 감사합니다.

깜퐁싸움 1차

깜퐁싸움은 시아누크 빌이라는 이름을 가지고 있으며 외국인이 많이 모이는 유명한 관광지이다.

아침에 모여 간단히 자기소개를 하고 6시에 출발하여 10시에 도착하기로 하였지만, 기사분이 신실한 불교 신자인지라 가는 곳마다 제단에 바칠 과일, 연꽃을 사시며 차를 세워놓고 향을 피우신다.

쉬지 않고 달려가면 일찍 시작할 수 있었으나 시간이 생각보다 많이 지연되었다. 9시에 시작하기로 하였는데 10시 넘어서 도착하였다. 교장 선생님, 기다리는 아이들에게 미안하기도 하고 오늘 하고자 한 봉사 활동은 늦게까지 다 마무리하고 가야 할 것 같다.

하루 일정이 바쁘게 움직였다.

봉사할 곳은 음악 교육 단원이 있는 초등학교이며 아이들과 선생님들은 학교에서 기다리고 계셨다.

봉사 일정은 아이들에게 페이스 페인팅, 아트 풍선 놀이, 낙후된 학교 페인트칠을 하기로 하였다.

봉사 단원들은 많은 일을 해주고 가고 싶었지만 너무 늦게 도착한 관계로 조금이라도 일을 더 하고 점심 식사를 늦게 하기로 하였다.

아이들은 처음 해보는 페이스 페인팅한 얼굴을 서로 보고 웃으며, 머리에 여러 모양의 풍선을 보고 웃느라고 정신이 없다.

작은 것에 이렇게 즐거워하는 아이들….

페인트칠은 힘든 것 같지만 아무 생각 없이 하는 노동, 마음을 편안하게 해준다. 쉬지 않고 페인트칠을 한 다음 깨끗하게 정돈된 벽을 보니 내 마음이 푸른 하늘 같은 생각이 든다.

우리는 늦은 시간에 점심 식사를 하고 프놈펜을 향하여 돌아오니 시간이 많이 지나 프놈펜에 늦게 도착하였다.

오늘 하루 바쁜 하루였습니다. 감사합니다.

깜퐁싸움 2차

2차 봉사 지역은 쓰레기 매립장이다.

봉사 활동에 참여하기 위하여 동생과 조카가 한국에서 찾아왔다.

조카는 의료 봉사에 관심이 많아 한국에서 오는 의료 봉사팀과 깜퐁츠낭에서 합류하여 4일 동안 봉사를 마쳤다.

깜퐁뜨라이에서 깜퐁싸움 봉사를 가려고 하는데 깜퐁싸움 가는 버스가 적당하지 않아 란돌이(한국의 봉고 차)를 타기로 하였다.

란돌이는 7시 30분에 출발한다고 한 후 출발은 하지 않고 계속 다른 차를 타라고 한다.

봉고 차를 3번 바꾸어 탄 다음 9시가 되어서야 출발하였다.

이곳에서 생활하려면 느림을 배워야 한다.

출발한 다음 인원이 많다고 생각했는데 가면서 계속 차를 세워 사람을 태운다. 다 태운 줄 알고 출발하였는데, 체격이 좋은 남자 분이 한 분 오셨다. 좌석이 없어 운전석 옆에서 함께 가려고 하였지만 앉을 수가 없었다. 운전석 문이 닫히지 않는다.

운전 기사분이 내리더니 뒤에 있는 날씬한 젊은 여자아이를 데리고 내리더니 체격 좋은 남자는 봉고 차 뒷좌석에 앉게 하고, 날씬한 젊은 여자는 운전석 옆에 앉아 문이 닫힐 수 있어 란돌이는 출발하였다.

9인승 봉고 차가 28명을 태우고 떠났다. 대단하다.

가는 중간에 화장실이 없는 관계로 넓은 곳에 세워주니 모두들 자연스럽게 볼일 보고(그들은 물을 버리고) 다시 올라탄다.

오랜만에 새로운 길로 차를 타고 달리는데 많은 사람들 속에 이야기 들으며 달리는 것도 사람 사는 것 같은 생각이 든다.

새로운 길을 달리는 밖의 경치는 참으로 멋있는 풍경이었다.

어느 봉사 단원이 자전거로 깜뽓에서 깜퐁싸움 가는 길이 제일 멋있다고 하였는데 들은 대로 정말 아름답고 멋있는 길을 달렸다.

사람이 많아 불편함도 잊은 채 말이다.

깜퐁싸움이 가까워질수록 기사님이 차비를 걷기 시작하였다.

차비는 1인당 12,000리엘(4$)이다. 배낭 하나도 사람 1인으로 계산하여 값을 받는다.

깜퐁싸움은 연휴 기간인 내일 프놈펜에서 봉사 올 예정이며, 외국인 관광객이 많아 시내에 쓰레기도 굉장히 많이 나온다.

깜퐁싸움에서 사용하고 버려진 모든 쓰레기는 시내에서 멀리 떨어진 야산이 있는 쓰레기 매립장으로 모아진다.

이 쓰레기 매립장에서 생활하며 재활용 혹은 돈이 되는 용품을 주워서 팔아 생계를 유지하며 사는 분들도 계시다.

봉사 단원들은 이곳에 사시는 분들을 위한 봉사를 할 예정이다.

쓰레기 매립장이 가까워질수록 냄새가 코를 찌른다.

그러나 누구 하나 코를 잡고 얼굴을 찡그리기보다는 모두 한마디씩 했다.

"이곳에서 어떻게 생활하지?"

우리가 봉사할 이곳에서는 아이들이 청결하게, 건강하게, 살아가게 하기 위하여 아이들에게 양치질, 손 씻기 교육을 한다.

작은 아이들에게는 목욕을 시킨 후 한국에서 가져온 옷을 입히고, 어른들에게는 통증이 심할 때 드실 수 있는 진통제, 붙일 수 있는 파스를 드린다. 누군가가 약을 받게 하기 위하여 어디서인지 낡은 트럭에 많은 분들을 모시고 오셨다.

(사진: 트럭 타고 오신 지역 분들)

쓰레기 매립장은 한 번도 소독한 적이 없어 방역을 하기로 하였다.

몸을 구부려서 일을 해서인지 허리 통증을 호소하시는 분들이 많았다.

하루 종일 무언가를 찾기 위해 허리를 구부렸다 폈다 하여 통증이 더 심한 것 같다. 약을 조금 받고, 파스를 받아 붙이면 통증 치료에 얼마나 도움이 되겠는지! 조금은 일시적으로 도움이 되겠지만.

두 손을 내밀고 받아 가며 감사하는 표정, 마음을 짠하게 만든다.

아이들에게 물을 틀고 목욕을 시키는데, 젊은이들이 어쩜 그렇게 목욕을 잘 시키는지!

목욕을 시킨 후 아이들에게 한국에서 보내온 옷을 입히고 아이를 안고 서로 좋아하는 모습, 그 미소 정말 멋진 젊은이들이다.

무거운 방역기를 메고 쓰레기 매립장을 돌고 있지만 쓰레기 매립장의 냄새 대단하다. 방역을 한다고 전체 소독약을 뿌리지만 냄새가 장난이 아니다.

그래도 아무렇지도 않게 방역하는 젊은이들 축복이 있을 것이라고 마음속으로 생각했다.

여기에 계시는 분들이 일하면서 느끼는 그 통증을 잘 견디며 열심히 살아갔으면 하는 마음이다.

(사진: 쓰레기 매립장 활동 모습)

봉사를 마친 다음 그곳에서 식사할 곳이 마땅하지 않아 시내에 와서 식사를 하기로 하였다.

유명한 Rib 갈비, 가격도 싸고 정말 맛있게 먹었다.

이제 우리는 떠나야 할 시간 이곳 음악 단원이 감사하다며 한 사람, 한 사람에게 초콜렛을 나누어 주며 감사 인사를 한다.

젊은 친구의 하는 행동, 마음이 하나하나 너무 예쁘다.

이곳 사람들에게도 보이지 않는 마음이 전달될 것 같다.

모두들 피곤한지 프놈펜 오는 차 안이 조용하다.

모두들 머리를 뒤로하고 잠이 깊이 들었다.

오늘 한 봉사는 나의 기억 속에 영원히 남을 것이다.

프놈펜에서 잠을 자고 내일은 나의 일터 깜퐁뜨라이로 내려가야지….

쏙쎠바이 봉사 활동 자료

▲ 아이들이 즐겁게 노는 모습

▲ 끄로체 민물 돌고래 입구

▲ 끄로체 빈민이주 마을

▲ 부스라 폭포 전경

▲ 프농족 전통집

▲ 프농족 아이들

▲ 몬돌끼리

▲ 깜퐁츠낭 토기

▲ 학교 대청소하는 아이들

▲ 쌓여 있는 코코넛

▲ 체육 활동

▲ 종이접기 활동

▲ 졸업 단체 사진

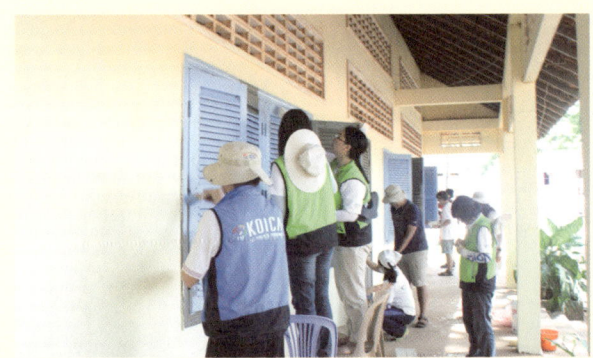

▲ 페인트칠하는 단원

▲ 봉사 활동 온 단원들

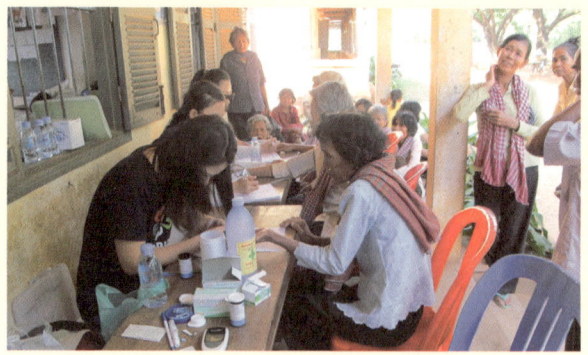
▲ 진료 전 기본 체크

▲ 음식을 만드는 단원들

▲ 단체 봉사 감사장

▲ 왓 프놈

▲ 왓 프놈 아이들

▲ 봉사 평가 나눔

▲ 트럭 타고 오신 지역 분들

▲ 쓰레기 매립장 활동 모습

단체
봉사활동

　한국당뇨협회가 프놈펜 코사막병원에 봉사를 나온다고 하여 의료지원 요청을 받았을 때 당뇨학회 봉사를 도와드리고 싶었다.
　한국에서 병원 근무할 때 교육하는 간호사들과 함께 당뇨병 관련 교육훈련 프로그램, 임상실무 지침서, 기타 매뉴얼 만들고 한 것이 새삼스럽게 생각난다.
　학생들 보건 교육도 마지막 주로 마무리되어 봉사하겠다고 선뜻 대답을 하였다.
　한국에서 이곳까지 봉사하러 온다고 하시며 지원 요청을 하였는데 아무도 지원을 하지 않으면 그분들도 실망하지 않을까? 하는 생각도 들었다. 봉사 신청을 하고, 학교에 오전 수업을 끝내고 프놈펜을 향해 가면서 한국에서 봉사 다녔던 기억들이 새삼스럽게 생각난다.

프놈펜에 올라갈 때 버스를 타면 긴 시간 동안 한국에서 지나간 일들을 생각하게 만든다. 버스에 올라타니 대부분 외국인이었다.

옆 좌석의 스위스인은 캄보디아 여행을 한다고 한다.

젊은 시절 유럽 배낭여행 갔을 때 스위스의 백년설!

아래는 꽃, 산은 눈 아름다운 경치 이야기를 나누다 보니 평일이라서 그런지 버스는 정해진 시간보다 프놈펜에 일찍 도착하였다.

Kossamack Hospital(코사막병원)이 어디에 위치하는지 몰라 지도를 열심히 들여다보니 지도에는 병원이 나와 있지 않았다.

아침에 뚝뚝이 아저씨가 병원을 안다고 하면서 4$를 요구하신다. 2$에 흥정하고 가보니 멀기는 멀었다.

그때는 왜 1~2불을 그렇게 깎으려고 하였는지?

병원 입구부터 많은 사람들이 진료를 받기 위해 줄을 서서 기다리고 있었다. 한국에서 오신 의사들에게 인사를 하고 도와드릴 것 문의를 하니 상황에 따라 도와주시면 될 것 같다고 하셨다.

Kossamack Hospital(코사막병원) 개원 연도는 1956년이라고 되어 있는데 여기 계시는 내과 의사 선생님은 프랑스에서 당뇨 교육을 받으시고 국제 당뇨학회에도 참석하시며 당뇨 질환과 교육에 대하여도 관심이 많으신 것 같다고 하신다. 한국에서 봉사 단원은 의사, 간호사, 제약 회사 직원 모두 34명이 오셨다고 한다.

한국에 눈이 많이 온 관계로 승객을 태운 상태에서 2시간이나 비행기에서 기다리며 비행기 날개의 눈을 소방차가 동원되어 녹였다고 한다.

캄보디아에 늦게 도착하여 짐도 제대로 풀지 못하고 나왔다고 한다. 계획대로라면 진료 시작은 오후 1시였으나 많은 사람이 기다리는 관계로 바로 8시 30분에 진료 시작을 하였다.

진료는 캄보디아 의사, 한국 의사가 하며, 한국인 의사에게는 의사소통이 안 되는 관계로 캄보디아 의대생이 한국 의사와 영어로 통역, 환자와는 크메어 대화를 하며 진료를 수월하게 진행하게 되었다.

캄보디아 의대생에게 혈압, 혈당 체크를 가르쳐 주어 환자를 검사하게 하였다.

신료받기 위하여 예약 번호를 받으신 분은 체중, 키, 허리둘레, 엉덩이 둘레를 체크하고, 번호표를 받아 차트를 작성하고 혈압과 혈당을 체크하고 당뇨 검사를 체크한 다음 진료를 받고 약국에서 약을 받아 설명을 듣고 집으로 돌아가면 되는 것이다.

아쉬운 것은 당뇨의 3대 증상 다뇨(多尿), 다갈(多渴), 다식(多食)인데 식이요법, 운동 방법은 교육되지 않았다.

한국의 의사들도 약을 한 번만 주고 치료되는 것은 아닌데 하며 걱정을 하셨다.

캄보디아 사람은 말랐기 때문에 당뇨가 높으리라고 생각하지 않았는데 의외로 높은 사람이 많았다.

상황에 따라 접수하는 곳, 검사하는 곳, 약국 등을 돌아다니며 필요한 곳을 도와드렸다. 첫날은 오후 5시 30분까지 진료를 하였다.

둘째 날은 7시 30분에 기관행사를 한다고 하여 일찍 도착하였다. 축사는 당뇨학회와 관련된 기관, 기타 등등….

당뇨학회 과정에 대하여 설명하고, 한국대사님도 오셔서 축사를 하셨다. 당뇨교육센터 관련 당뇨학회와 MOU 체결을 한 지 1년이 되었으나 변동 상황이 없었다고 한다.

이곳 병원에서는 당뇨 교육센터를 지어주었으면 하는 바람이 있으시다고 하신다. 세리머니 시간은 조금 길었다.

세리머니가 끝나자마자 진료를 시작하였으나 어제와 마찬가지로 많은 환자를 진료하게 되었다. 진료를 마친 후 오늘 저녁 식사는 한국의 당뇨학회 봉사 단원과 Kossamack Hospital(코사막병원) 스텝과 함께 식사를 하기로 되어 있다면서 우리도 함께 참여를 시켜주셨다.

캄보디아 병원 스텝들은 한국에서 봉사 오신 분들을 위하여 실크 스카프를 선물로 주셨다. 다양한 색상의 스카프를 목에 걸고 사진을 찍고 많은 대화를 나누며 즐거운 시간이었다.

셋째 날은 진료를 11시까지 끝낸 후 시티투어를 할 예정이다.

진료는 1,600명 정도 보셨다고 한다.

(사진: 코사막병원, 당뇨학회 진료)

그래도 병원 측에서 체계적으로 예약 준비가 되어 있어 질서 있게 진료가 진행된 것 같다. 진료를 기다리는 중에도 큰소리는 없었다.

진료를 마친 후 남은 약과 물품(혈압기, 혈당기, 기타 등등)을 가져온 모든 것은 코사막 병원에 기증한다고 하신다.

코이카 쏙써바이 봉사 갈 때 수동 혈압기로 체크하다 보니 많은 사람이 기다리고 하여 전자 혈압기를 줄 수 있는지 부탁하였다.

흔쾌히 허락하셔서 받아가지고 오는데 그곳에 기증할 것을 받는 관계로 공연히 눈치가 보인다.

기증받은 자동 혈압기로 쏙써바이 봉사 기간 동안 유용하게 잘 사용하였습니다. 정말 감사했습니다.

만나는 즐거움 뒤에는 헤어짐의 아쉬움이….

모두들 봉고 차에 오르며 차를 떠나보내고 우리는 뚝뚝이를 타고 숙소로 돌아왔다. 봉사 단원이 준 명함으로 감사하다고 이메일을 보내고 돌아오는 버스 안에서 감사한 분을 한 분 한 분 생각해 보았다.

진료 중간중간에 찬 음료와 망고를 제공하신 분, 점심 식사를 준비해 주신 분, 후식을 준비해 주신 분, 모든 분들에게 감사히 생각하며, 당뇨학회에서 주신 전자 혈압기, 辛 컵라면 감사합니다.

당뇨학회의 무궁한 발전을 빕니다.

한국누가회 꺼콩 의료 봉사

한국누가회 꺼콩 의료 봉사는 한국누가회(Christian Medical

Fellowship)와 함께하는 봉사이며, 한국누가회는 의과대학, 치과대학, 한의과대학, 간호대학에 존재하는 개신교 동아리 의료 기독 신앙 공동체이다.

　봉사 단원들은 꺼콩으로 통역 봉사 가기 위하여 유숙소에 모두 모였다. 8시 30분에 출발하기로 한 버스가 오지를 않고 있다.

　나중에 알고 보니 식사 후 옆에 둔 스마트폰을 분실하여 시간이 지연되었다고 한다. 9시 30분경 버스가 도착하여 봉사팀과 함께 프놈펜을 출발하였다. 꺼콩은 처음 가는 곳으로 밖의 경치를 내다보며….

　깜뽓은 평지로 굴곡이 없지만 꺼콩 가는 길은 한국의 대관령 가는 길과 같이 돌고 돌아 산 넘고, 물 건너 달리다 보니 어느새 휴게소에 도착하였다. 중간에 휴게소가 많은 것이 아니라 휴게소가 있을 때 쉬었다 가야 한다. 휴게소에 내려서 화장실도 가고 준비한 점심 바이 쌋쭈르를 먹고 또 출발하였다. 말만 휴게소였지만 그래도 가려진 화장실이 있으니 다행이었다.

　우리는 도시락을 준비해 가지고 왔지만, 식사할 것, 먹을 과일도 팔고 하여 여행 가는 사람들이 식사, 차 등을 마시고 갈 수 있도록 되어 있었다.

　소요 시간은 6시간 정도 걸려 꺼콩에 도착하니 오후 4시 정도 되었다.

　캄보디아에 봉사 오시는 분들은 모든 비용을 본인이 부담하며 봉사 활동에 참여하는 것이 대단하다.

어느 의사는 군 복무 기간 중에 휴가를 내어 이곳에 참여한 분도 계셨다. 이 봉사 단체는 매년 한 번씩 이곳에 봉사를 오신다고 하신다.

나는 이런 분들을 통하여 내가 나누었다기보다는 나 자신을 돌아보며 배운다. 너 지금껏 무엇을 하고 살아왔느냐?

가치 있는 일을 하시는 이분들에게 하시는 모든 일에 축복이 있을 것이다.

오늘이 주일이라 예수님을 생각하며 봉사 단원 일행은 모두 함께 예배에 참여하였다. 예배를 마친 후 각자 숙소에 돌아가 내일 진료할 부분에 대하여 준비하였다.

이곳에 봉사하실 분들은 목사님, 의사, 간호사, 의대생, 한의대생 총 30명, 코이카 협력 의사 부부, 코이카 봉사 단원 총 10명이다.

내일부터 2팀이 나누어 섬마을, 교도소, 이슬람 마을 등을 봉사할 예정이다. 내일 진료 준비를 위하여 조모임을 할 예정이다.

봉사를 시작하는 날 날씨가 무척이나 맑다.

일찍 잠에서 깨어 바쁘게 움직이기 시작하였다.

1일은 정글 마을(트머방), 2일은 꺼까비, 꺼스랄라우 마을이다.

정글 마을(트머방)

정글 마을(트머방)은 자연 그대로 보존되어 있는 지역이며, 나무

하나 훼손할 수가 없는 마을이다.

전날 비가 내린 관계로 길에 웅덩이가 생기고, 패여 있어 물이 고여 차가 갈 수가 없다.

선교사님이 트럭으로 먼저 통과하면 그다음에 봉고 차가 지나가고 하는 것을 몇 번을 반복한 다음 진료할 곳에 도착하였다.

진료할 이 마을도 한국처럼 산 넘어 산골이다. 가는 길 양옆에는 두리안 나무가 가로수인 양 서 있다.

나무에는 두리안이 빽빽이 매달려 있다. 차에 창문을 열어놓은 틈으로 두리안 냄새가 바람에 날려 차 안으로 들어온다.

도착하니 진료를 받기 위하여 많은 분이 기다리고 계셨다.

이분들은 의사 한번 만나기 어려우며 진료받기가 어려우신 분들이다.

진료를 마치고 돌아오는 길에 두리안을 봉사 오신 분들이 먹어본다고 샀는데 냄새 때문에 먹을 수가 없다고 한다.

두리안 맛을 알고 맛 들이면 정말 맛있고, 먹고 싶을 텐데….

∥ 꺼까비, 꺼스랄라우 섬마을 ∥

아침 식사는 꾸이띠우(국수) 아니면 바이 쌋쯔루(흰밥에 돼지고기 말려 구운 것) 둘 중 하나 선택이다.

꺼까비 섬마을을 출발하여야 한다. 배를 타기 전 안전을 위하여 구명조끼를 입고 7시에 모터보트에 몸을 실었다.

이곳 섬마을은 목사님 부부가 꺼콩에 생활하시면서 여기 계시는 현지인들에게 필요한 부분을 해결해 주신다고 하신다.

꺼콩에서 생활하시는 그분들 모습을 보면서 나도 모든 것 포기하고 이곳에 와서 과연 생활할 수 있을까?

나 스스로에게 자문자답해 본다.

하느님 당신은 정말 위대하십니다. 각자 필요로 하는 곳에서 일할 수 있는 자리를 만들어 주시니 말입니다.

모든 곳에는 나무와 물이 겸비되어 있으면 풍요로운 것 같다.

모터보트를 타고 지나가는 양옆에는 뱅글로브 숲이라고 하여 바다 한가운데 나무가 무성하게 자라 끝이 보이지 않는 아름다운 숲이다.

뱅글로브 숲은 유네스코에 등록되어 있다고 한다. 바닷물 한복판에 나무가 그렇게 자라다니 대단하다고 생각한다.

(사진: 뱅글로브 숲)

우리 일행은 첫 번째 섬마을 꺼까비에 도착하여 수술받지 못한 사람 간단한 수술도 하고, 치과 진료, 소아과 진료, 내과 진료, 한방 진료를 하였다. 섬마을이라 의료 혜택을 받기란 쉬운 일이 아니다.

진료를 받을 수 없는 섬사람들에게, 경제적으로 어려워 진료를 받을 수 없는 사람들에게, 봉사 단체의 진료란? 이곳 사람들에게 희망의 기쁨을 안겨주는 참으로 고마운 분들입니다.

오전에 섬마을 한 곳 진료를 마치고 점심은 도시락을 싸가지고 간 바이 쌋쭈르(밥에 돼지고기 말려 구워서 올려놓은 것)를 먹었다.

꺼스랄라우 섬마을

오전 진료까지 마치고 오후에 다른 꺼스랄라우 섬마을로 향하였다. 외과 선생님은 수술로 식사할 시간이 없었다.

배 타기 전에 배 오기를 기다리며, 점심 도시락 싸 온 것을 들고 서 드시는데 참으로 맛나게 드신다. 뱃멀미도 안 하시는지?

좋아서 즐겁게 하는 일은 힘이 안 드는 것 같다.

좋은 일을 하면 하느님도 그 일을 할 수 있도록 도와주시는 것 같다.

뱅글로브 숲 가운데를 지나 꺼스랄라우 섬마을로 갔다.

섬마을로 가는 양옆 뱅글로브 숲의 우거진 경치를 보며, 언제 이 아름다운 곳을 보며 또 갈 수 있을까?

마을 가기 전 주위 집들은 허름한 나무집들이었다.

집의 모양이 중요한 것이 아니라 나의 마음이 얼마나 행복한가 가 더 중요하다.

(사진: 섬마을 진료 전경)

이곳에 도착하니 많은 분들이 진료를 받고자 기다리고 계셨다.

섬인데 지금 유행하는 것인지 청년들이 머리에 노란 물감을 들이고 우리가 하는 일을 들여다본다.

(사진: 섬마을 노랑머리 청년들)

  이곳도 오전과 같이 준비된 대로 소아과, 치과, 한방과, 기타 등등 이곳 섬사람들은 진료를 받을 곳도 없고 문의할 곳도 없지만 한 번씩 알고 싶은 것을 들어주고 답변해 주시는 분들이 오시니 한편으로 마음은 편안할 것이다.
  환자 한 분 한 분에게 정성을 다하여 치료하는 모습을 보며 그 정성에 감동받아 치료가 잘될 것 같다.
  오후 진료를 마치고 돌아오려고 모터보트에 몸을 실었다.
  돌아오는 모터보트 파도가 정말 대단하며 장난이 아니었다.
  한 단원은 카메라 손상될까 봐 꼭 껴안고 잡을 수 있는 밧줄은 손에 피부가 벗겨질 정도로 있는 힘을 다해 꼭 잡았다.
  배 안에 앉아 있을 수가 없었다. 배가 얼마나 뛰는지 무섭기도 하고 한편으로는 구명조끼 입었는데 겁낼 필요도 없는데, 빠지면 수영하지 하면서 걱정 안 해도 되는데 높은 파고 앞에서 무서운 것은 어쩔 수 없다.
  1시간 동안 배와 파도와 함께 씨름하면서 항구에 도착하였다.
  봉사 단원 내리면서 하는 한마디 죽는 줄 알았네.
  모두들 겁이 나서 말 한마디도 못 하고 왔다.
  우리는 무서웠다고 하는데 현지인들은 웃느라고….
  배와 파도와 실랑이를 하여서인지 저녁 식사는 꿀맛이었다.

둘째 날도 날씨가 맑다. 오늘 오전은 선교사가 있는 이슬람 마을 (품부언)에 가기 위하여 7시에 출발하였다.

아침 식사는 둘 중 선택이다(꾸이띠우 혹은 바이 쌋쭈르). 먹고 싶은 것을 먹으면 되지만 나는 항상 여기의 꾸이띠우가 제일 맛있다.

‖ 이슬람 마을 ‖

이슬람 마을을 진료하기 위해 버스를 타고 도착한 곳은 이슬람 사람들이 사는 마을이었다.

이슬람 마을 들어가는 길은 진흙으로 차에서 내려 걸어갈 수가 없어 최대한 집 가까이에 차를 대어주었다. 마을에 도착하니 아이들부터 어른까지 수건을 두른 모습이 참으로 예쁘다. 이슬람인이 진료를 위해 흔쾌히 본인의 집을 빌려주어 집 안에서 진료를 할 수 있었다.

한참 진료를 하고 있을 때 무슨 환자인지 모르지만 다리를 움직이지 못하여, 동생이 업고 온 환자가 있었다.

치료는 불가능한 것 같았다.

그 환자는 원인은 모르지만 몇 년의 세월이 흘러 움직이지 못하며, 욕창이 심하다. 그래도 나을 수 있다는 기대보다는 의사에게 보이고 싶어 모시고 온 것 같다. 마침 신경외과 선생님도 오셨지만 해드릴 수 있는 것은 없는 것 같다.

다양한 각도로 검사를 하였지만 병을 알아내기는 쉽지 않다.

하지만 검사하기도 어렵다.

이곳에서 검사하는 것은 한계가 있으니 말이다. 이 환자는 욕창이 심하여 미국인 선교사분이 계속 치료하시다가 휴가를 가서서 그곳에 계시는 협력 의사가 일주일에 2번 치료를 해주신다고 하신다.

환자가 있는 지역에 차가 들어갈 수 없어 오토바이를 타고 다니면서 진료를 하신다고 하신다. 정말 대단하신 분….

나도 내가 있는 지역에 만성질환 환자에게 일주일에 한 번은 지역을 방문하여 건강 체크를 해주고, 재활 운동도 하고 싶었지만 개들이 얼마나 달려드는지 결정하기가 어려웠다.

마음보다 행동을 옮기는 것은 정말 어렵지만 이곳 협력 의사는 대단하시다.

오늘은 봉사 끝나는 날이다.

오전만 진료하고 오후에는 태국 국경이 가까운 곳 호텔에서 수영을 하고 차를 마시기로 하였다.

이런 곳에 이런 큰 호텔이 있다니….

길만 넘어가면 태국이다. 캄보디아 꺼콩은 태국 국경, 라타나끼리는 라오스 국경, 몬돌끼리, 파일린, 깜뽓, 스와이랭은 베트남 국경이 가깝다.

호텔을 가기 위해 긴 다리를 건너가야 하는데 요금을 내어야 한다. 길을 건너 옆에 우리나라 현대 자동차 조립 공장이 있었다.

이 나라 국민과 함께 투자하여 운영한다고 한다. 성공하시길….

오랜만에 깨끗한 호텔에서 계속된 봉사의 후유증을 풀며 우리 단원들은 커피를 마시며 많은 이야기를 나누다 보니 어느새 시간이 많이 흘러갔다. 그래도 이야기를 나누며 즐거운 시간이었다.

젊은이들과 봉사하면서 나눈 이야기 우리의 미래는 희망적이다.

오늘은 저녁 식사도 맛이 있는 음식으로 준비되었다.

이곳 3일간의 봉사 일정을 마치고 내일은 프놈펜으로 올라갈 예정이며, 장애인직업기술 훈련원, 한국 기독교 단체에서 설립한 헤브론 병원을 방문할 예정이다.

하루하루 많은 것을 배우고 생각할 수 있음에 감사합니다.

직업기술 훈련센터 반티에이 쁘리업

아침 식사를 마친 다음 7시 출발 버스를 타고 프놈펜을 향하였다.

오는 길에 버스 안에서 점심식사를 하고 커피 한 잔씩 마시니 약속한 시간이 되었다.

직업기술 훈련센터 반티에이 쁘리업이 시작된 것은 1980년대 캄보디아와 태국 국경 지역에서 난민지원 활동을 하던 JSC(Jesuit Service Cambodia)에 의해 장애인과 함께하며 자립을 지원하고자 껀달주에 직업기술 훈련센터를 설립하였다고 한다.

이후 직업기술 훈련은 농업, 기계, 전자, 재봉, 목공예의 직업기술 훈련을 제공하였으며, 공동체 생활로 센터 내에 집이 있어 선생님과 학생들이 한 가족이 되어 밥을 먹고, 청소도 함께 총체적인 지원을 하며, 아웃리치 프로그램(Outreach program)을 개발하여 졸업 후에도 졸업생들의 일터와 가정을 방문하여 취업 및 창업을 지원하고 지속적으로 생활해 나갈 수 있도록 한다고 한다.

그곳에서 만든 목공예 물품은 프놈펜의 장애인들이 운영하는 피스 카페가 있는 곳에서 구입할 수도 있다.

피스 카페는 차도 마시며, 간단한 식사도 할 수 있다.

필리핀에 수해가 있었을 때는 이곳에서 작은 음악회를 열어 수해지역 모금 활동도 하여 도움을 주기도 하였다.

나 또한 도움을 주려고 모금함에 후원금을 조금 많이 넣었더니 너무 감사하다고 계속 말씀하셔서 다른 사람에게 민망했다.

필리핀은 한국에 있을 때 한국에서 일을 마치고 돌아가 필리핀을 발전시킬 수 있도록 하기 위한 센터를 짓는다고 하여 2000년대 5,000불 정도 후원한 적이 있었는데 그때는 금액보다는 무언가 미래를 위해 만든다고 하면 나는 그 일을 할 수 없기 때문에 조금의 보탬이 되었으면 하는 마음으로 후원한 것 같다.

나눔은 많이 가지고 있다고 나누는 것은 아니고, 아무것이 없어도 함께하는 것도 나눔이다.

캄보디아에 사용되는 휠체어는 이곳에서 만들어진다고 한다.

장애인들이 자기들의 불편함을 잘 알기 때문에 불편한 부분에 맞추어 휠체어를 만들기 때문에 판매량이 높다고 한다.

직업기술 훈련센터의 반티에이 쁘리업에서 그곳에 대한 설명을 들고 훈련원을 돌아본 다음 버스에 올랐다.

캄보디아 봉사를 끝내고 귀국할 때 한국에 돌아오며 지인들에게 무엇을 선물할까 고민하다가 그곳 장애우들이 만든 목각 십자가 150개 작은 소품을 구입하여 한국 지인들에게 선물을 나누어 주니 모두들 의미 있는 선물에 감탄사를….

선물은 큰 것보다는 받아서 마음이 가볍고 기뻐해야 하지 않을까? 받아서 기쁘고, 주어서 기쁜 선물 감사합니다.

직업기술 훈련센터 반티에이 쁘리업은 이제 없어진 것 같다.

(사진: 반티에이 쁘리업 물품들)

‖ 헤브론 병원 ‖

헤브론 병원은 기독교 신자들이 기금을 모아 만든 병원으로 한국에서 오신 봉사자들이 각자의 전문 지식을 가지고 각자의 위치에서 열심히 봉사 활동을 한다. 모두들 대단하시다.

한국에서 좋은 직업을 갖고 편안하게 살 수 있지만, 누가 권한 것도 아닌데 덥고 힘든 이곳을 선택하여, 가족이 함께 이곳에서 지내는 것을 보면 대단한 분들이다.

우리는 이곳 강당에 모여 이 병원이 시작된 배경에서부터 만들어지기까지 다양한 과정을 듣고 나는 무엇을 했나 돌이켜 본다.

이곳 병원은 진찰실 하나하나에 어느 누가 기증하였는지 새겨져 있었다. 어느 교회, 어느 장로님, 함께 와서 생활은 못 하지만 자기 것의 일부를 나누며 사는 그분들에게 축복이 있을 것입니다.

한국도 아닌 어려운 나라에 도와준다는 것 나는 이곳을 통하여 나누는 삶을 배워야 할 것 같습니다.

의미 있게 지어진 헤브론 병원에 대한 설명을 듣고, 비원이라는 한국식으로 근사한 곳에서 식사를 하였다. 먹는 것은 즐거운 것입니다.

식사를 하고 나오는데 식당에서 찹쌀떡을 만들었다고 하나씩 주는데 오랜만에 먹어보는 찹쌀떡은 꿀맛이었다.

한국에서 온 봉사자들은 한국에 돌아가며, 조그만 선물을 준비하기 위하여 백화점에 들렀다.

이번 봉사 활동은 나에게 많은 의미를 주며, 이 나이에 나를 필요로 한 곳이 있다는 것에 감사할 뿐이다.

우리 일행은 함께 유숙소로 돌아왔다. 봉사는 힘든 것이 아니라 즐거운 것이다. 많은 것을 배울 수 있게 해주심에 감사합니다….

내일은 아침 첫 버스로 나의 봉사 활동 지역 깜퐁뜨라이에 내려가야 한다. 첫 버스를 타는 것은 가는 도중에 버스가 고장 나면 길에서 종일 기다려야 하는데 다음 버스가 오면 옮겨 타고 갈 수 있기 때문이다.

막차를 타고 가다 버스가 고장 나면 택시를 부르는 가격에 흥정을 하고 가야 한다.

모든 것을 조금만 아끼면 이 아이들에게 무언가 조금이라도 해

줄 수가 있다.

한국 세림병원

　봉사팀과 함께 봉사하기 의하여 한국에서 상해를 거쳐 동생과 딸이 함께 왔다. 동생과 딸은 여기에서 봉사를 마친 다음 깜퐁싸움 쏙써바이팀에도 합류하여 봉사를 하고 한국으로 돌아갔다.
　의료 봉사는 깜퐁츠낭에서 의료 일정은 5일간 우신센터, 로고스 기술학교에서 의료 봉사를 하게 된다.
　의료 봉사팀은 시엠립 앙코르와트를 거쳐 깜퐁츠낭에 온다고 한다.
　이곳은 흙이 좋아 도자기 굽기에 좋은 것 같다.
　화롯불 위에 고기를 굽는다든가 빵을 구울 수 있는 도기, 모기향 피우는 것 다양한 종류를 이곳에서 만들어 낸다.
　깜퐁츠낭을 가기 위하여 어제 밤늦게 도착하였지만 아침 겸 점심식사를 하고 짐이 많은 관계로 택시를 타고 가야 한다.
　이곳 택시는 정한 인원이 9명이라고 한다. 뒷좌석 5명, 앞 좌석 4명. 그래도 1명은 꼬맹이가 함께 있어서 다행이다.
　남자가 덩치가 있어 아주머니와 뒷좌석을 바꾸고 아주머니를 뒤에 앉게 하였다. 자꾸만 나도 모르게 한국 택시를 생각하게 한다.
　이곳에 적응할 만도 한데 아직까지 적응이 안 된다.

한 택시에 여러 명이 타고 가면, 사람 사는 많은 이야기도 나눌 수 있고 이 사람들과 가까워질 수도 있는데 넓은 영역만 생각하니 불편한 생각이 드는 것은 아닐까?

택시 타고 가는 동안 조카가 꼬마에게 종이접기로 공, 학 등을 접어주면 꼬마는 영어로 답을 한다. 이 지역에서 어린이가 영어를 배우면 그래도 부유한 집이어서 영어를 배우고 있는지 모른다.

이야기를 나누다 보니 어느덧 깜퐁츠낭에 도착하게 되었다.

택시를 타면 좋은 점은 기사님이 원하는 장소까지 데려다준다.

제일 먼저 아주머니와 아이가 내리고, 우리가 내릴 곳이 두 번째인데 기사님이 지역을 찾지 못하신다.

우리도 처음 가는 곳이라 내려서 찾을 수가 없었다.

기사님이 찾지 못하여 내일 함께 봉사할 간호 단원을 연결하여 이 지역 캄보디아 사람을 연결하여 돌고 돌다 한참 만에야 찾을 수 있었다. 그래도 기사님이 직업의식이 투철하시다.

잘 모르는 외국인을 끝까지 책임지고 가야 할 장소에 데려다주시니 말이다. 나중에 그 기사님은 나를 알아보는지 프놈펜에서 집에 가려고 버스 터미널만 가면 택시 타라고 하신다.

내가 그곳에 사는 사람인 줄 안 것 같다. 그 기사님 눈이 크시며, 참 선하게 생기신 기사님, 가끔씩 생각해 보게 된다.

우리는 집을 못 찾는 관계로 목사님 사모님이 나오셔서 우리를 기다리셨다. 어두운 밤이 되었는데도 봉사팀이 도착하지 않아 우리는 내일 함께 봉사할 간호 단원과 함께 저녁 식사를 하러 나갔다.

식사와 차를 마시고 우리는 집으로 들어왔다.

아직까지 시엠립에서 봉사팀이 도착하지 않아 저녁 늦게야 방을 배정받았다. 방이라기보다는 남녀만 구분하고 교회 안에 매트리스를 깔고 자는 것이다.

이 큰 홀에서 20명 정도 되는 여자들이 모여 답답하기보다는 서로를 배려하며 이야기를 나누고 하다 보니 모두들 가까운 사이가 되었다.

한국에서는 서로 가까운 사이가 아니면 모르는 척하고 지내는데 외국에서는 모두가 옛날부터 아는 사람같이 대화를 한다.

외국에서 혼자 지내기 때문인가?

내일을 위하여 일찍 잠을 청하였는데….

불빛을 따라 방충망 사이로 작은 모기가 들어와 귀 주위를 맴돌며 앵앵거린다.

들으라고 하는지, 잡히려고 하는지, 모기는 왜 귀에서 앵앵대는가?

꼭 귀 주위에 돌다가 귀를 물고 달아난다.

아침 일찍 일어나 마을 전경을 바라보며 아침에 떠오르는 붉은 태양은 주위를 빨갛게 물들인다.

그 사이로 멀리 보이는 야자수는 한 폭의 그림 같다.

자연은 그 자체만으로도 아름답다.

아침 식사는 한국에서 다양한 반찬을 준비해 오셨다.

이곳에 없는 명란젓, 젓갈 너무 맛있게 아침밥을 먹었다.

식사를 마치고 진료할 로고스기술학교로 향하였다.

로고스기술학교는 목사님 부부 두 분이 이곳 지역사회를 위하여 만든 곳이라고 한다.

(사진: 로고스기술학교에서 진료 전, 로고스기술학교에서 진료약 준비)

오늘은 이 지역 사람들에게 진료를 해주는 곳이다. 진료는 내과, 치과, 외과로 하였으며 간단한 수술도 시술하였다.

이곳에 오신 치과 선생님은 대단한 분이시다.

한국에 치과 병원을 운영하고 계시는데 치과 진료를 하지 않고, 직원분들을 데리고 함께 봉사 오셨다.

개발도상국의 많은 나라에 봉사를 가신다고 하신다.

연세가 그렇게 많으신(70세가 넘으신 것 같다)데 비행기 타는 것도 힘드실 텐데 봉사하시는 것을 보면 즐거운 마음이 표정에 나타나 있다.

오늘 봉사에서 할 일은 동생은 봉사팀을 위한 식사 준비를 하고, 조카는 약국에서 약품 준비를 위한 보조, 나는 이곳에서 약을 드릴 때 약 복용 방법을 설명하는 것이다.

말을 많이 하여서 엄청 많이 음료수를 마시며 설명하였다.

잠시도 쉴 틈이 없었다.

이곳도 처음 있는 진료 봉사라 많은 분들이 오셨다.

그리고 언제 이곳에 진료를 올지 모르기 때문에 지역 주민들은 아플 때 드시려고 미리 받아 가시는 분도 계시다.

우리나라도 과거에 농어촌 의료 봉사 가면 미리 받아두는 분들이 계셨다. 우리도 어려운 시절 그렇게 하면서 지내지 않았는가?

사람이 살아가는 방법은 모두 비슷하지 않은가?

문화에 따라 조금 다를 뿐이다.

오전까지 봉사 일정을 마치고, 점심식사를 하고 프놈펜으로 돌아왔다.

봉사 단원들은 프놈펜 시내에 있는 뚜르슬랭(여자고등학교로 폴 폿 때 학살) 구경을 마치고 뚠레 반삭(크메르 음식 전문점)에서 저녁 식사를 마치고, 봉사자들은 한국으로 돌아가고 우리 일행은 숙소로 돌아와 짐을 풀었다.

긴 봉사 기간이었지만 피곤함도 모른 채 모든 일정이 끝났다.

봉사가 피곤하다기보다는 내가 가지고 있는 전문 지식을 남에게 활용할 수 있는 것에 감사할 뿐이다.

아무 일 없이 무사히 마칠 수 있음에도 감사드린다.

서울아산병원 의료 봉사팀

서울아산병원 의료 봉사팀과 봉사하기 위하여 코이카 간호 단원들이 프놈펜에 함께 모였다.

그러나 오늘은 2년간의 봉사 기간을 마치고 한국으로 귀국하는 단원들이 있어 공항에도 나갔다.

공항에는 서울아산병원 봉사자들이 엄청 많이 들어오고 있었다.

이 봉사팀은 내일 오전 10시경 우리와 합류하게 된다.

우리는 귀국 단원 환송식을 하고 숙소로 돌아왔다.

내일 봉사할 서울아산병원팀은 매년 이곳에 봉사를 오며, 프놈펜 헤브론 병원에서 수술하는 수술팀, 지역사회에서 봉사하는 진료팀 두 팀으로 나누어진다.

헤브론 병원은 수술할 환자가 생겼을 때는 연락처를 적어두었다가 한국에서 수술 의사가 오시면 연락하여 수술할 수 있도록 도와준다고 한다.

공항 쪽으로 조금 외곽에 있지만 캄보디아 사람들에게는 많은 도움이 되는 병원이다.

지역사회 진료할 지역은 프놈펜에서 남쪽으로 버스로 3시간 정도 걸리는 반티민이라는 지역이며, 내가 있던 지역에서 가까운 곳이다.

점심 시사를 마친 봉사 단원과 합류하기 위하여 우리는 식당 앞에서 기다렸다.

식사를 마치고 나온 일행은 버스 3대에 나누어 타고 수술팀은 헤브론 병원으로 가고, 진료팀은 프놈펜에서 출발하여 가는 도중에 대량 학살로 알려진 쯔응아익(청아익)을 둘러보고 가기로 하였다.

그러나 들어가 보고 싶지 않아 밖에서 기다렸다.

TV에서 본 다음 이곳을 한 번 들른 적이 있다.

사람의 머리, 손, 다리뼈를 탑 안에 모아둔 위령탑이 있는 곳이다.

내용을 알기 위하여 각국어로 청취할 수 있도록 헤드폰을 만들어 들으라고 주었지만 도무지 듣고 싶지 않은 내용이다.

내가 이곳에 다녀간 뒤 캄보디아인에게 여기 계시는 고인들을 위하여 절에서 명복을 비는 것이 있냐고 물은 적이 있다.

억울하게 돌아가신 분들을 위하여 1년에 한 번 제를 올린다고 하지만 다녀가는 많은 분들이 그 영혼을 위하여 기도해 주어야 할 것 같다.

얼마나 많은 사람이 왜 죽었는지 모르고 죽었을 수도 있을 것이다.

그곳 구경을 마치고 침울한 표정으로 버스에 올랐다.

그곳은 들어갔다 나오기만 하면 가슴이 답답하다.

버스는 양쪽에 늘어진 야자수 사이로 멀리 보이는 팜트리 나무를 보며 달리다 보니 어느덧 내일 진료할 반티민 지역에 도착하였다.

반티민에서 내일 진료할 수 있는 준비 사항을 알아보고, 반티민에 거주할 만한 숙소가 없는 관계로 캡으로 갔다.

캡은 프랑스 점령 시절 프랑스 사람들의 휴양지였으나 지금은 그 옛날 호텔 집들이 폐허가 된 상태로 남아 있으며, 바다에서 수영 혹은 낚시를 할 수 있는 곳이다.

잡은 게는 얼기설기 된 나무통에 담아 바다에 띄워두면, 사람들이 게 혹은 새우 사러 오면 그것을 보여주고 판다. 게 혹은 새우를 사서 주면 화롯불에서 삶아서 준다.

많은 관광객들이 싱싱한 게를 그곳에서 구입하여 맛있게 먹는다.

이곳은 도로도 잘되어 있어, 자전거를 타고 한 바퀴 돌아보면 주위 경관을 구경할 수 있는 너무 아름다운 곳을 즐길 수 있다.

바다 양옆에 늘어진 야자수는 마음을 너그럽게 해준다고 할 수 있다.

밤늦게 도착하여 숙소 배정을 받고, 저녁 식사는 현지식으로 하는데 향 때문에 식사를 못 하시는 분들이 많았다.

내일 진료를 하려면 일찍 씻고 잠들어야 한다.

아침 일찍 7시에 출발하기 때문에 일찍부터 아침 식사가 시작되었다. 식사를 마친 후 봉사 단원들은 버스를 타고 반티민이라는 지역으로 가야 한다.

진료는 내과, 외과, 가정의학과 진료로, 엑스레이를 찍을 수 있는 방사선 촬영을 할 수 있는 기계까지 준비해 가지고 오셨다.

큰 병원은 확실히 준비해 오는 것도 다른 것 같다.

방사선과는 서울아산병원에서 정년퇴직을 하고 네팔 코이카 단원으로 있는 분이 간호 단원과 함께 봉사를 위하여 태국을 거쳐 캄보디아에 오셨다. 봉사의 힘은 보이지 않는 대단한 힘을 갖고 있는 것 같다.

며칠의 봉사를 위하여, 비행기를 바꿔 타며 오시다니 보이지 않는 곳에서 열심히 하시는 분들 너무 멋지십니다.

그분들에게 행운이 있기를….

내가 봉사할 배치된 곳은 약국에서 약에 대한 복용 방법을 설명하는 것이다. 서울아산병원에서는 진료를 위하여 약속 처방을 준비하여 바쁘지 않게 약을 주면서 설명할 수 있었다.

의료 혜택을 받지 못하는 이곳 사람들에게 진료를 하고 약을 받는 것은 대단한 선물이다.

모두들 약을 받고 좋아하는 것을 보면 마치 약만 보아도 병이 다 나은 것같이 좋아하는 모습을 보며 나 자신을 돌아보게 한다.

나는 언제 저렇게 기뻐하며 웃었을까? 하는 생각이 든다.

사람들이 약 타는 모습을 보며 계속 웃고 있는 10살 정도의 여자 아이가 보인다. 나중에 알고 보니 서울아산병원에서 심장 수술을 받은 아이였다. 계속 바라보고 웃는 저 아이의 모습은 말로 표현할 수 없는 감사함이 가득하게 보였다.

아이는 웃음으로 생명 있음에 감사함을 표시한 것일까?

어른들은 진료를 받고, 동네 아이들은 한국에서 부모님과 함께 봉사 온 아이들과 재미있게 놀고 있다.

아이들이라 그런지 짧은 영어로 대화하며 한국의 놀이를 가르쳐주며 노는데 금방 친하게 지내며 잘 어울린다.

처음 만난 아이들이라기보다는 오랫동안 같이한 아이들같이 금방 어울려서 재미있게 놀고 있다.

서울아산병원은 의료기구, 물품, 진료 등을 다양하게 준비를 해온 덕에 지역에 필요한 진료를 해주었다.

풍부한 물품에 다른 지역에서 오신 환자분들도 치료할 수 있었다.

환자들은 반티민 지역뿐만 아니라 깜퐁스프 다른 지역에서도 많은 분들이 진료를 받으러 오셨다.

이곳에서 5일간의 의료 봉사 일정을 마치고, 저녁 식사를 하고 난 후 저녁 6시 프놈펜 가는 봉고 차에 몸을 실었다.

캄보디아에서 밤늦게 차를 타고 달리기는 처음이다.

피곤함 때문인지 잠을 자다 보니 프놈펜에 도착하였다.

내일은 파일린으로 의료 봉사를 가야 한다. 파일린에서 의료 봉사를 위해 필요한 준비를 간단하게 하고 잠을 청하였다.

한국가톨릭의료협회 의료 봉사

파일린에 의료 봉사를 간다고 하니 파일린에 있는 봉사 단원이 그곳에 다니는 택시를 예약해 주었다.

새벽 5시 출발한 택시는 프놈펜을 동네마다 돌며 승객을 태운 다음 마지막에 나를 태우러 왔다.

그래도 다행인 것이 날씬한 캄보디아 여자분들만 태우고 오셨다.

오늘은 택시 티고 가는데 날씬한 분들과 함께하니 봉사하러 가는데 행운이 있는 날이라 다행이다.

뚱뚱하신 남자분들을 태우고 오시면 몇 시간을 좁게 타고 가야 한다.

택시는 달리고 달려 중간에 차를 세운 뒤 기사님, 승객 모두 아침 식사를 하신다.

나는 내린 곳에서 동네를 돌며 이곳저곳을 구경한다.

택시가 얼마나 달리는지!

이곳 생활이 익숙하지 않고 화장실이 불편한 관계로 차를 탈 때는 거의 물도 안 마신다. 식사를 마친 다음 바탐방을 거쳐 파일린에 도착하였다. 보통 택시로 6시간 정도 걸린다고 하였는데 얼마나 달렸는지 4시간 걸려 10시 20분경 파일린 성당에 도착하였다.

파일린 성당은 이미 진료는 시작되고 많은 환자분들이 기다리고 계셨다. 이곳은 오래전부터 의료 봉사를 나올 때 프놈펜대학교 한국어과 학생들이 통역을 하고 있었다.

한국가톨릭의료협회에서는 외과, 산부인과, 가정의학과, 소아과 등이 진료되고 있으며, 노트북에 의료 봉사 프로그램을 만들어 가지고 오셔서 의료인들이 진료를 수월하게 할 수 있었다.

접수에서 환자에게 질문한 내용을 캄보디아어로 물어보면 한국어로 기록하고 기록된 내용을 컴퓨터에 한국어로 입력한다.

한국어로 입력된 내용은 각 진료 파트에서 한국어로 증상을 알 수 있다.

진료 파트에도 한국어과 학생들이 통역을 하여 의사들이 진료하는 데 수월하게 할 수 있어 많은 환자들이 진료를 받고 돌아갈 수 있었다.

이곳 파일린은 1년에 한 번 한국가톨릭의료협회에서 봉사를 나오기 때문에 지역 주민, 환자들은 봉사팀과의 관계 형성이 좋았다.

1년에 한 번 나오는 봉사로 환자의 추후 관리를 할 수 있으며, 산부인과 초음파 검사로 환자의 상태를 파악한 후 이곳에서 치료가 불가능한 경우 큰 병원으로 후송도 하고, 많은 환자를 진료하고 간단한 수술도 하여 지역 주민에게 많은 혜택을 줄 수 있었다.

5일간의 진료를 마치는 날 파일린 성당에서 봉사자들을 위한 파티를 준비하였다. 꼬마 아이들의 압살라 춤 재롱잔치, 청소년들의 비보잉 춤, 통역한 학생 봉사자들에게 감사장, 기타 등등 행사가 있었으며, 식사도 뷔페로 준비하여 맛있게 먹고, 식사가 끝난 후 숙소로 돌아왔다.

내일은 반티민체이를 거쳐 시엠립 관광을 하고 봉사 단원들은 한국으로 돌아가고 나는 시엠립 수도원에서 잠을 자기로 하였다.

그곳 수도원에서 보여줄 것이 있다고 하여 따라가 보니 아기가 걷지를 못한다고 하여 만나 보니 체중이 미달인 것 같다.

어머니가 건강하였느냐고 물어보니 어머니가 결핵을 오랫동안 앓았다고 한다.

아기에게 무언가 줄 것도 없어 육식 종류로 먹는 것을 골고루 잘 먹이라고 하였다.

소화를 잘 못 시킬 수 있으니 조금씩 자주 먹이라고 하였다.

추후 프놈펜에서 아기 영양제와 엄마 철분제를 준비하여 전달하였다.

아기가 잘 크고 있는지 궁금하다.

그 아기에게도 건강이 함께하길….

5일간의 봉사를 마친 후 프놈펜으로 돌아왔다.

많은 사람을 통하여 봉사를 한다고 이곳저곳 다녔지만, 내가 봉사를 하기보다는 봉사 온 그분들을 통하여 내가 배우는 것이 더 많다. 한국에서 봉사 오신 모든 분들에게 감사드리며 그분들이 하는 일에 평화가 함께하시길….

• 단체 봉사 활동 자료 •

▲ 코사막병원

▲ 당뇨학회 진료

▲ 뱅글로브 숲

▲ 섬마을 진료 전경

▲ 섬마을 노랑머리 청년들

▲ 반티에이 쁘리업 물품들

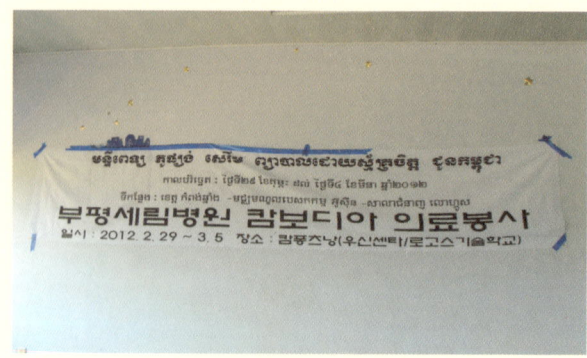
▲ 로고스기술학교에서 진료 전

▲ 로고스기술학교에서 진료약 준비

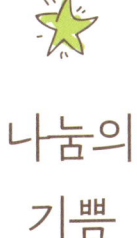

나눔의
기쁨

‖ 송아지 장학금 ‖

　2년간 봉사 활동을 하면서 농촌의 아이들을 대학에 보내기 위하여, 함께 잘 살 수 있는 세상을 만들기 위하여 많이 생각했다.
　송아지를 한 마리씩 사 주고 6년간 키우면 대학을 갈 수 있을 것이다. 아이들을 내가 1명 추천하고, 학교에서 1명 추천하기로 하였다. 교장 선생님에게 전기가 들어오지 않는 지역에 있는 학생을 추천해 달라고 해서 전기가 없는 지역 남학생 1명, 여학생 1명으로 하기로 하였다. 아이들 2명에게 갓 태어난 송아지는 어떨지 몰라 건강한 1년 된 암송아지를 부탁하였다.

　1년 된 암송아지 한 마리(450$)를 사 주고 잘 키우면 6년 후에 대학을 갈 수 있을 것이다. 목적 없이 주는 것보다는 잘 정성 들여 키워 새끼도 낳고 하면 대학에 충분히 다닐 수 있는 방법을 가르쳐 주기 위함이고 부모님들도 자식을 교육시킬 수 있는 생각을 할 수 있도록 하기 위함이다.

　(사진: 송아지와 함께, 부모와 아이들)

　행사를 위하여 기관장님들도 함께해 주셨다.
　학교와 부모님은 서명을 하고 기억할 수 있도록 증명서도 만들어 교장 선생님이 증서를 전달하였다.

　(사진: 송아지 전달 서명하는 모습)

　한국에 돌아온 후에도 캄보디아 사무소에 연락하여 2명의 아이들에게 장학금 명목으로 송아지를 사 주었다.
　지금 아이들은 대학을 졸업하고 청년이 되었을 것이다. 지금 무슨 일을 하는지 궁금하네요.
　감사합니다. 사랑하고 축복합니다.
　담낙칸튜초등학교, 지역 주민 모든 분들!

『의학용어집』만들기

봉사 기간 연장 갈등이다.

의료 관련되는 한국어 용어집 책은 없었다.

간호 단원들이 처음 와서 수월하게 봉사할 수 있도록 하기 위하여 『의학용어집』 자료를 만들었으면 하는 마음에 매일 조금씩 정리해 놓았다.

학교에서 보건 교육한 자료도 교재를 만들었으면 하는 바람에 컴퓨터 정리를 하고 있었다.

학교에서 아이들에게 조금씩 한 보건 교육 자료가 그냥 봉사 활동 끝내고 버리고 떠나기에 아까워서 조금씩 정리해 놓은 것이 욕심이 생긴다.

무언가 교육한 것을 찾으려면 없는 것이 많았다.

『의학용어집』 봉사자들이 오시면 의료 관련 회화 책이 없어 통역 봉사자가 항상 함께해야 한다. 그래서 모든 분들을 위한 작업을 정리하고 가려 하니 어려움이 있는 것 같다.

이왕 만드는 김에 봉사자분들이 매뉴얼이 없는 곳에 봉사 오시면 쉽게 사용할 수 있도록 만들고 싶은 마음이 생겼다.

고민, 고민 끝에 지금까지 정리하던 용어집 작업을 마무리하고 가기로 결정하고 2개월 더 연장하기로 하였다.

앞으로 얼마나 더 일을 할지 모르지만 이제 내가 더 이상 더 많은 일을 할 수 없으니 말이다.

2개월 동안 컴퓨터로 한 작업을 보고, 또 보고 하며 튜터가 몇 번 보고 반복하며 정리를 하였다.

모든 것을 마무리한 후 파일을 캄보디아 코이카사무소에 파일을 넘겨주고 마무리 정리 할 수 있도록 하였다.

『의학용어집』, 봉사자용, 초등학교 보건 교육 교재도 만들고 싶었지만 모두 만들지는 못하고 『의학용어집』은 귀국 단원이 한 권 만든 것을 나에게 갖다주셨다.

추후 『의학용어집』 자료를 사용하고 싶다고 가능 유무를 메일로 물어왔으나 사용하려면 수익금은 개발도상국에 장학금으로 사용했으면 좋겠다고 하였다.

처음 시작한 책자의 시작으로 인하여 모두가 함께 배울 수 있음에 감사드린다. 추후 캄보디아에서 봉사하고 나오신 분이 봉사 활동 하는 데 『의학용어집』을 활용하여 사용하였다면서 『의학용어집』 만든 사람이 전설 속의 사람인지 누구인지 궁금해한다고 말씀하시며 나를 반갑게 맞아주셨다.

(사진: 『의학용어집』)

학교 체육대회

방학하는 날은 학교의 나눔 잔칫날이다.

교장 선생님에게 한국은 소풍, 체육대회(운동회)를 하면 도시락을 싸가지고 와서 모두들 함께 나누어 먹는다고 하였다.

(사진: 함께 도시락 나눔)

말 한마디, 한마디에 실천해 주시는 교장 선생님과 교사들에게서 나는 긍정적으로 바라보는 마음을 배우게 된다. 감사합니다.

담낙칸튜초등학교, 지역 주민 모든 분들.

· 나눔의 기쁨 활동 자료 ·

▲ 송아지와 함께, 부모와 아이들

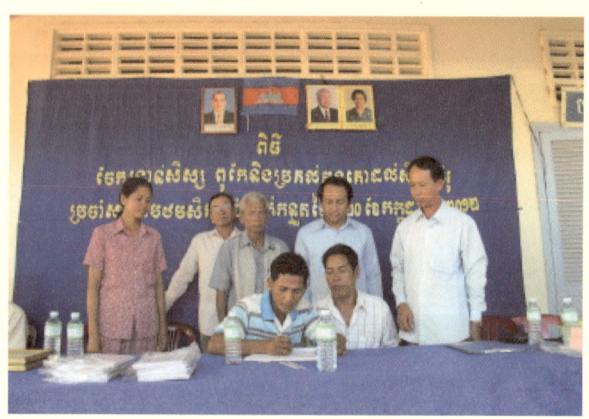

▲ 송아지 전달 서명하는 모습

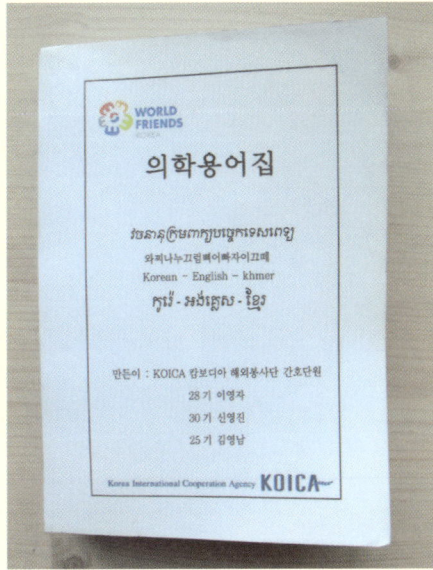

▲ 『의학용어집』

▲ 함께 도시락 나눔

IV
감사하는 삶

"세상을 살아 가면서 감사하다고
생각한 적이 몇 번 있는가?"

감사하다고 생각하고, 감사하다고 말한 적이 몇 번 있는가?
이곳에서 생활하면서 생각할 일이 하나하나에 너무 많다.
지금까지는 감사할 것이 없어서가 아니라 삶의 여유 없이 살아가서 그랬던 것은 아닐까.
그러나 개발도상국에서 봉사한다고 생각한 것이 나에게 있어서는 교만이라고나 할까. 그 사람들의 생활, 얼굴의 미소를 보면서 보이지 않는 감사함이 많음을 알게 되었다.
이곳에 있는 동안 지인들을 통하여 감사함도 배웠다.
이곳 아이들에게 필요한 책 종류, 비타민 종류, 어느 교회 집사님의 학용품, 교회의 바자회에서 남은 옷 종류, 버스 안에서 만난 한국 분의 학용품, 좋은 일 하러 간다고 금일봉을 전해주신 직장 동료, 저를 아는 모든 분들에게 진심으로 감사드린다.
이런 모든 것을 통하여 감사함을 배우며, 삶은 아름다움이라고 생각한다. 이분들의 감사함을 통하여 모두가 잘 사는 세상을 만들기 위하여 학교 한 동의 건물에 깨끗하게 타일을 깔고, 대학에 다니는 학생에게 금일봉을 주고, 중학교에 진학한 학생에게는 송아지를 사 주어 대학에 갈 수 있는 희망을 갖도록 하며, 미래에 이 아이들이 잘 살 수 있는 환경을 만들어 주는 것이 코이카 봉사 단원들의 꿈인 것 같다.

모든 이에게
감사

|| 교실에 타일 깔기 ||

처음 봉사 활동으로 학교에 갔을 때 학교를 새로 지어달라고 하여 나는 건물을 지으러 온 것이 아니라 아이들이 건강하게 보건 교육을 하러 왔다고 하였다.

학교는 4개 동으로 되어 있는데 2동은 깨끗하고 1개 동은 낡아서 쓰러지기 일보 직전이다. 교장 선생님에게 이렇게 되면 교육청에서 예산이 있지 않냐고 하면서 거절하였다.

가끔씩 학교 지어달라고 하지만 못 알아들은 척하고 지나갔다.

봉사 기간이 끝나는 해에 건물 1동을 쏙써바이에서 페인트칠을 해주었다. 무조건 해달라고 하는 대로 해주기보다는 쏙써바이에서 페인트칠한 그 건물에 타일을 깔아주며, 교실 안 페인트칠은 학교에서 하는 것이 좋겠다고 하였다.

함께 하는 것도 배우는 것이라고 생각한다.

그래서 학교 선생님들과 나도 함께 페인트칠을 하였다.

학교 선생님들은 수업이 끝나고 나면 반바지에 긴 장대에 솔을 묶어가지고 오셨다. 다 함께 페인트칠을 하면서 선생님 학생 모두가 함께 즐거운 마음이었다.

더운 날씨에 힘드셨을 선생님들….

나는 왜 음료수 하나 나눔도 못 했을까?

(사진: 페인트칠하는 선생님)

처음에는 페인트칠한 학교에 타일을 깔려고 금액이 어느 정도인지 견적을 부탁드렸다.

많은 비용이 들 것 같아 조금 더 알아보겠다고 하시며 교장 선생님이 최종적으로 말씀해 주셨다.

1동 건물 교실 3개를 1,000$에 타일을 깔아주기로 하였다.

공사 진행 과정을 보면서 1차 300$, 2차 300$ 공사가 모두 마무리되면 나머지 금액을 주기로 하였다.

방학이 시작되면서 공사를 시작하므로 300$를 준비하여 교장 선생님에게 드렸다. 방학은 4월 5일에서 4월 20일까지이다.

방학 동안 모든 공사를 끝낸 것 같다.

방학이 끝나고 학교에 가니 건물은 깨끗하게 단장되고 타일 공사는 완전히 끝나 아이들은 싱글벙글 웃으며 청소를 하고 있다.

교장 선생님도 교무실이 말끔히 단장되어 모두들 맨발로 사무실 출입을 하고 있었다. 교장 선생님에게 최고의 학교를 만들려면 깨끗한 환경도 중요하다고 하였다.

교장 선생님은 내가 하는 모든 말을 항상 귀 기울임에 감사한다. 깨끗한 교실에서 열심히 책 읽는 우리 학교 아이들 점심시간에는 학교를 졸업한 학생들로 도서실에 책 읽는 아이들이 가득했다.

책을 읽는 미래의 아이들….

감사합니다. 선생님, 학생들….

(사진: 페인트칠한 새 학교 건물)

교장 선생님은 학교에 코이카 단원이 기증한 것을 벽에 표기하였다.

(사진: 기증 표기판)

|| 기억하고 싶은 한국 분 ||

프놈펜에서 버스를 타고 오는데 차가 고장이 났다.

운전 기사분이 땀을 뻘뻘 흘리며, 차 밑에 들어가 차를 고치고 다시 출발하였지만 차가 얼마 가지 않아 이제는 고칠 수도 없게 되었다. 하지만 아무도 무어라고 말하는 사람은 없다.

운전 기사분이 너무 힘들게 일하시다 보니….

모두들 차에서 내려 이야기를 나누는데 한국인 부부 두 분이 계셔서 이야기를 나누게 되었다.

우리 집에서 30분 정도 가면 되는 프랑스 휴양지였던 바닷가 캡에 가신다고 하신다.

내가 초등학교에 봉사 온 코이카 간호 단원이라고 소개를 하였더니 이분들은 여행을 하실 때 초등학교 아이들에게 주려고 볼펜과 연필을 사가지고 다니면서 나누어 주신다고 하며 사 오신 볼펜과 연필을 저보고 저희 학교 아이들에게 나누어 주라고 하신다.

감사하지만 아니라고 주고 싶은 학교에 드리라고 하는데 버스 안 짐칸에서 트렁크를 꺼내어 노트는 무거워서 못 사가지고 오셨다면서 저에게 주셨습니다.

저는 학교 교장 선생님에게 설명을 드리면서 아이들에게 나누어 주라고 드렸습니다. 교장 선생님도 좋아하시고 아이들도 좋아하고 개학한 날 아이들에게 기쁨을 줄 수 있어 즐거웠습니다.

이렇게 여행을 다니시면서 의미 있는 삶을 사시는 분들에게 감사를 드립니다.

(사진: 한국 부부 선물)

참 좋은 생각

　사람은 살아가면서 많은 생각을 다양하게 하지만 아름다운 생각을 하기는 쉽지 않다.
　다른 사람이 나눔을 행동으로 옮기는 것 그 마음에 나도 끌린다.
　어느 사람은 가지고 있는 것을 나누고, 어느 사람은 작은 것이라도 마음으로 나누는 사람도 있다.
　개발도상국을 여행할 때는 축구공을 가지고 가서 그 아이들과 마음껏 즐겁게 힘껏 놀아준 다음 그 공을 아이들에게 주고 온다고 한다. 우리 학교에서 그 공을 차고 놀지는 못하였지만 그 공에 미래의 희망을 남겨주고, 아이들이 가지고 놀 수 있도록 해준 사람에게도 감사한다.
　놀이가 없는 아이들에게 그 공이란 희망이다.
　작은 공 하나를 통하여 많은 것을 주고 간 것이다.
　아이들은 그 공을 가지고 마음껏 뛰어놀며 더운 것도 모른 채 마음껏 뛴다. 노란 공이 학교 운동장에서 움직이는 것을 보면서 작은 것을 통하여 큰 기쁨이 되지 않는가.
　개발 원조의 날 시상식에 축구공 사인을 하고 전 세계 개발도상국에, 공이 보내진다고 하니 잠시나마 공을 주고 간 사람을 생각하게 만든다. 많은 사람들이 가진 것 한 가지씩만 나누면 나눔의 배가 되는 것 모두가 함께 나누었으면 한다.

　(사진: 노란 축구공 운동)

한국에서 온 선물

한국에서 관광 오시면서 이곳 아이들에게 주려고 선물을 다양하게 가지고 오셨다.

모두에게 감사하다는 인사를 전하고 짐도 정리하고 며칠이 지났다. 감사하는 마음으로 정리해 두었다.

집에서 다시마, 도토리, 멸치 가루, 김, 부채, 간식, 반찬, 후배 바자회에서 남은 아이들 옷 티셔츠, 어른 옷, 장갑, 시계, 액세서리, 반찬, 친구 삐콤 영양제(1,000정 2병), 현미녹차, 볼펜, 연필, 풀, 형광펜, 사탕 4개(大), 홍삼 캡슐, 총무팀에서 보내준 아이들 동화책에 한국어는 남겨두고 옆에 크메르로 번역하여 아이들이 동화책을 읽을 수 있도록 15권을 정리했다. 아이들 동화책을 번역하면서 이 아이들이 한국어로 읽게 하려고 한국어는 그대로 두고 번역하였다.

나에게 베풀어 주신 모든 것에 감사드리며…. 가정에 평화가 함께하시길….

(사진: 한국에서 온 선물)

봉사활동을
마치며

　나와 함께한 봉사 단원 우리 기수는 오늘 봉사가 끝나고 한국으로 귀국하게 되어 점심 식사를 함께 하였다.
　그리고 대사님이 저녁 식사에 나를 초대하셨다.
　관저가 어딘지 몰라 한국대사관으로 갔다. 대사 관저를 모른다고 하니 대사관 캄보디아 직원이 오토바이에 태워 관저로 데려다주었다.
　관저에 들어가자마자 고생하셨다면서 화장실 불편하지 않았냐고 말씀하신다. 내가 살던 집의 어려움과 이곳에서 어려웠던 생각이 불현듯 난다.

어느 날은 학교에서 끝나고 집에 가니 방 안에 천장에 똑까에(도마뱀보다 크며 물면 끝까지 놓지 않는다)가 천장에 붙어 나를 보며 꼼짝도 안 한다. 하는 수 없이 밖에 의자에서 잠자고 방에 문을 닫고 모기향을 가득 피워놓고 학교에 갔다.

학교에 다녀오니 저녁인데 천장 그 자리에 그대로 나를 보고 있다. 주인집에 이야기하니 주인집 아들이 나무 막대기로 비닐 끈을 묶어 바로 잡아 나가서 놓아준다.

또 집에 들어올까 봐 걱정스러운데….

이곳은 비가 오면 뒤에 논이 강 같은 바다다.

연꽃이 필 때는 연꽃이 끝이 안 보이게 피어 예쁘지만 비만 오면 집에까지 물이 들어와 검정 게가 집 안에 가득 기어다닌다.

큰 거미인 줄 알았는데 게가 기어다닌 것이었다.

학교에서는 화장실을 가려고 하면 화장실 안에 독사가 머리를 바로 세우고 바라보고 있으며 꼼짝도 안 한다. 외국인인 줄 아는지. 아이들한테 이야기하여 아이들이 오면 슬그머니 머리를 내리고 나간다…. 뱀도 이곳 나의 생활의 어려움을 알고 있는 건가.

아이들에게 감사할 뿐이다.

정말 생활하는 데 어려움은 있었지만 미래의 희망을 주기 위한 목적을 잃지 않으려고 나 자신이 얼마나 노력하였는지 모른다.

관저에서 대접한 식사를 맛나게 하며 많은 전문가들이 모여 이야기를 나누는데 오신 분들 대부분이 국가를 위해 많은 이야기를 나누신다.

나는 들으면서 많은 분들이 이렇게 외국에서 생활하시기 때문에 국가가 움직이는구나 하는 생각이 들었다.

함께한 모든 분들이 애국자 같았다.

나는 시골에서 고생하고 이번 개발 원조의 날 해외 봉사상에 선정되어 식사에 초대를 받았다.

새삼스럽게 나도 국가를 위해서 한 것은 없었지만 일을 열심히 한 것 같다.

캄보디아도 잘 살면 좋겠구나 싶은 마음으로, 미래의 아이들이 건강하게 잘 살 수 있도록 조금이나마 노력한 것밖에 없는데 나에게 주어지는 이 상에 감사할 뿐이다.

나보다는 젊은이들이 상을 받고 더 열심히 하면 좋으련만 내가 받으려니 젊은이들에게 미안하다.

니 자신에게 감사하며 앞으로의 삶 내가 필요한 곳에서 열심히 뛰어야지!

나 나름대로 국가에 이미지 손상을 시키지 않게 하기 위하여 무던히 노력한 것 같다.

외국에서 생활하면 모두가 애국자가 되는 것 같다.

잘 마무리하고 가야 한다는 생각만 들 뿐이었다.

국가를 위해 애쓰시는 분이 많은 것 같아 나 스스로 나는 행복한 시대에 살고 있는 것 같다.

전 세계에서 각자의 가지고 있는 재능을 기부하며 생활하시는 모든 분들에게 축복이 함께하시기 바라며, 감사합니다.

2년간 긴 기간은 아니지만 새로운 세상에서 힘들었다기보다는 많은 것을 얻고 가는 것 같다.

모든 사람이 살아가는 방식은 다르지만 나는 나 자신이 좋아서 하고, 하고 싶은 일을 하고 싶어서 했기에 감사하게 생각한다.

캄보디아에서 지난 2년 동안 활동한 것, 시간이 지나면 모두 잊혀지겠지만 잊고 싶지 않은 생각이 퍼뜩 들어 모든 자료를 가지고 하나하나 정리하며 지금까지 살아온 세월 아쉬움이 조금은 있지만 조금 더 잘했으면 하는 생각이 들 때도 많다.

그래서 캄보디아에서 틈틈이 작성한 글을 정리하여 두었지만 부족한 부분이 많은 것 같아 그냥 두었다가 그곳에서 활동한 사례를 개발도상국에서 봉사 활동 하시려고 하는 분들에게, 필요로 하는 분이 계시면 함께 나누었으면 하는 마음으로 정리해 보았다.

그곳에서 어렵고 힘든 많은 일들도 있었지만 나 자신에게 이야기하고 싶다. 너 열심히 살았어. 나에게 찬사를 보내며 그곳에서 생활이 좋은 추억으로 다시 한번 생각해 보는 계기가 되었다.

글을 기록하는 동안 내가 그곳에서 다시 생활하는 느낌이 들었다. 교육, 기타 등등 여러 가지 일을 할 때 한 사람 한 사람의 눈빛, 얼굴의 미소, 아이들의 천진난만한 눈빛, 웃을 듯 말 듯 한 미소. 그때가 생각나며 학교를 걸어 다니면서 만난 지역 주민들, 걸어갈 때 손에 안겨 준 망고, 약간 정신이 오락가락한 아주머니, 학교에서 끝나고 함께 걸어가던 꼬마, 만나기만 하면 한국인이 이상한지 팔을 만져보며 아프게 꼬집던 여자아이, 걸어가면 오토바이에 타라고 하며 서 있는 아저씨들, 종교를 갖고 있냐고 물어보신 분, 전화카드 판매하시는 친절한 중국 분, 아기가 태어나서 커서 인사를 하던 꼬맹이, 꾸이띠우를 지역 주민과 똑같은 금액으로 주신 분, 가끔씩 새로운 과일 음식을 한 번씩 주고 가신 교장 선생님, 홈 스테이 집주인, 아주머니, 저와 함께 지나가면서 눈이 마주치고 인사를 나누신 모든 분들을 기억하여 한국에서의 지금 생활이 즐겁기만 합니다.

좋은 추억을 가지고 있을 때 그 추억은 삶의 활력소가 되는 것 같습니다. 2년간의 추억 나 자신이 힘들고, 베풀었다기보다는 이 사람들을 통하여 더위 속에서 미소 지으며, 나 자신이 더 많은 것을 배우고 온 것 같습니다.

앞으로의 삶은 이 사람들의 삶의 모습을 생각하면서, 아이들의 밝은 눈망울을 생각하면서, 이 사람들의 소리 없는 미소를 생각하면서, 미래의 삶은 이 사람들을 기억하며 함께 나누는 삶으로 살아갔으면 합니다.

이렇게 일할 수 있도록 베풀어 주신 한국국제협력단에도 진심으로 감사드립니다.

봉사 끝나고 돌아올 때 한 분, 한 분 모두에게 감사의 글을 쓸 수는 없었지만, 제가 감사의 카드를 만들어 나와 만났던 모든 사람들에게 남기고 온 카드입니다.

캄보디아에도 축복이 함께하는 나라가 되었으면 합니다.

(사진: 학교 기관 감사카드, 내가 만난 사람들에게 감사카드)

모든 이에게 감사 자료

▲ 페인트칠하는 선생님

▲ 페인트칠한 새 학교 건물

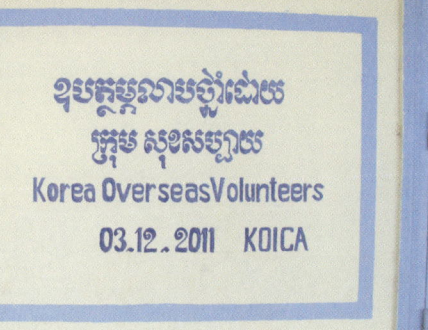

▲ 기증 표기판

▲ 한국 부부 선물

▲ 노란 축구공 운동

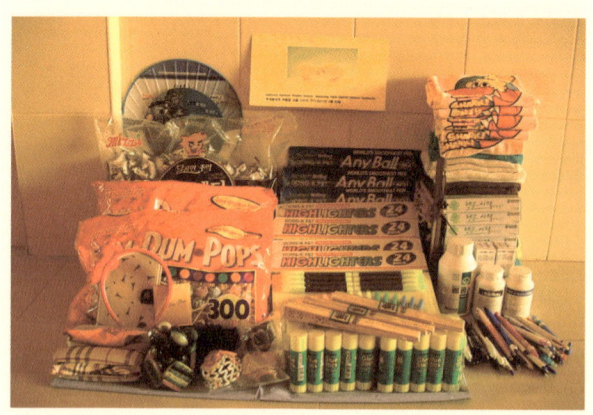

▲ 한국에서 온 선물

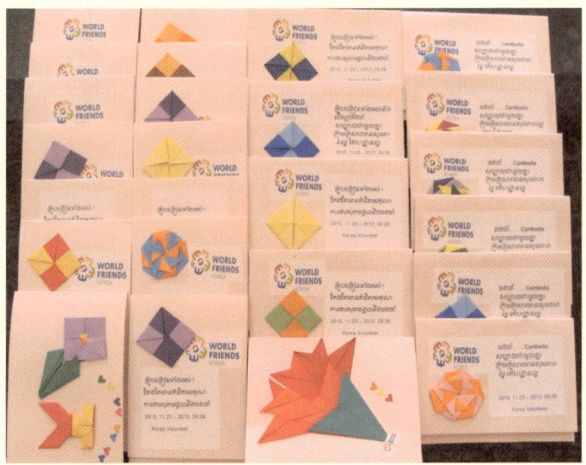

▲ 학교 기관 감사카드

▲ 내가 만난 사람들에게 감사카드

부록

• 캄보디아 활동 •

학생들 사진을 찍어두었다가 프놈펜 가면 사진을 현상해 아이들에게 하나씩 나누어 주어 추억을 만들어 주었다.

• 깜퐁뜨라이 담낙칸튜초등학교

아이들이 책을 읽는 도서실

주머니에 손 넣은 녀석 효자예요. 자기 어머니 가끔씩 배 아픈데 약 좀 주면 안 되냐고 하네요.

수업이 없는 시간
장난감을 혼자 갖고
놀아 즐거운 아이

모범생들 상 받기

졸업식 날 아이들

즐거워하는 졸업식

졸업식에
노래 잔치하며 나눔

졸업식 날 나눔
각자 집에서 준비해 온
만찬

학교 운동장에서
체육 활동
선생님과 함께

운동장에서
친구들과 함께
즐거운 표정

혈압 재는 것을
가르쳐 줄 때
아이들의 모습

아이들의 수업 시간

내가 걸어 다닌 황톳길

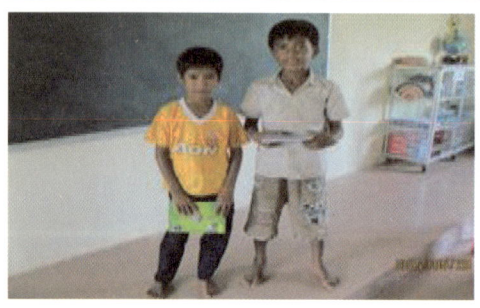

도서실에 온 귀여운 아이들

타일 깔고 난 후
바닥에 앉아서 책
읽는 아이들
뒤에 운동기구
배드민턴

귀여운
우리 학교 아이들

귀여운 5학년 아이들

모범생이었던
나를 잘 도와주던
학교 아이들

웃음이 많은
여자아이들

6학년 아이들

2학년 아이들

학교에서 노래자랑 하기

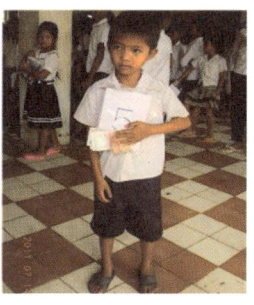

지역 주민이 잘한 아이들에게 앞에 돈을 넣어줌

프놈펜에서 사다 준
운동기구들
훌라후프 돌리며
좋아하는 아이들

학교 운동장
대청소하기

초등학교 옆
스님들에게 공양나눔

사진 예쁘게 찍어
아이들 추억 만들기

사진 만들어 준 것에
좋아하는 아이들

봉사 마무리하며
감사장

깜퐁뜨라이 석양

내가 살던 곳 1층 집

학교 운동장의 모습

- 깜퐁츠낭

깜퐁츠낭 물 위에 사는 사람들

쏙써바이 봉사 활동 진료 중

마을 풍경

 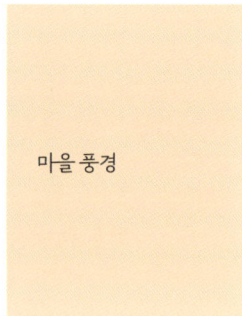

마을 풍경

• 시엠립

시엠립 앙코르와트

시엠립 타프롬 사원

시엠립 민속촌 마을

- 캄보디아 전통문화

	캄보디아 전통악기 연주
	캄보디아 전통춤
	캄보디아 전통춤

- 프놈펜

프놈펜 독립기념탑

프놈펜 시내 우기

메콩강 저녁노을

- 캄보디아 옛 수도 우동 사원

우동 사원

우동 사원

우동에서 스님들

• 라타나끼리, 바탐방

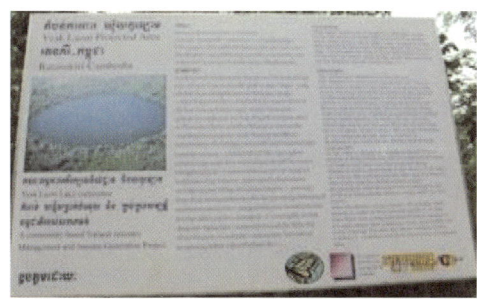

라타나끼리 안내판

라타나끼리 전통집

라타나끼리 계곡에서 물놀이

바탕방
철로를 이용한 로니

바탐방 박쥐 동굴

캄보디아 봉사 활동

아이들이 희망

초판 1쇄 발행 2024. 11. 22.

지은이 이영자
펴낸이 김병호
펴낸곳 주식회사 바른북스

편집진행 박하연
디자인 한채린

등록 2019년 4월 3일 제2019-000040호
주소 서울시 성동구 연무장5길 9-16, 301호 (성수동2가, 블루스톤타워)
대표전화 070-7857-9719 | **경영지원** 02-3409-9719 | **팩스** 070-7610-9820

•바른북스는 여러분의 다양한 아이디어와 원고 투고를 설레는 마음으로 기다리고 있습니다.
이메일 barunbooks21@naver.com | **원고투고** barunbooks21@naver.com
홈페이지 www.barunbooks.com | **공식 블로그** blog.naver.com/barunbooks7
공식 포스트 post.naver.com/barunbooks7 | **페이스북** facebook.com/barunbooks7

ⓒ 이영자, 2024
ISBN 979-11-7263-845-0 03810

•파본이나 잘못된 책은 구입하신 곳에서 교환해드립니다.
•이 책은 저작권법에 따라 보호를 받는 저작물이므로 무단전재 및 복제를 금지하며,
이 책 내용의 전부 및 일부를 이용하려면 반드시 저작권자와 도서출판 바른북스의 서면동의를 받아야 합니다.